www.ingramcontent.com/pod-product-compliance
Lightning Source LLC
LaVergne TN
LVHW010417070526
838199LV00064B/5334
* 9 7 8 9 3 5 8 7 2 1 1 0 2 *

# قمر علی عباسی

## فن اور شخصیت

(چہار سو خصوصی شمارہ)

ادارہ چہار سو

© Idara Chaharsu

**Qamar Ali Abbasi : Fun aur Shakhsiat**

by: Idara Chaharsu

Edition: August '2023

Publisher:

*Taemeer Publications* (Hyderabad, India)

ISBN 978-93-5872-110-2

9 789358 721102



| | | |
|---|---|---|
| کتاب | : | **قمر علی عباسی : فن اور شخصیت** |
| مصنف | : | **ادارہ چہار سو** |
| صنف | : | تحقیق و تنقید |
| ناشر | : | تعمیر پبلی کیشنز (حیدر آباد، انڈیا) |
| سالِ اشاعت | : | ۲۰۲۳ء |
| صفحات | : | ۴۲ |

# قرطاسِ اعزاز

زندگی کے ساتھ ساتھ

# چہارسُو

جلد ۲۲، شمارہ: مارچ، اپریل ۲۰۱۳ء



ای۔میل: chaharsu@gmail.com

○

کیا خوب اردو کو انداز دیا
رنگ سفرناموں میں نیا بھر دیا
سلامت رہے تُو اے قمر عباسی
ولولہ بچوں کو بھی جینے کا دیا

(بیدل بیوطنی)

○
○○○

# قرطاسِ اعزاز افضل

○

# قمر علی عباسی

○

# کے نام

○○○
○

# ''رشکِ قمر''

عروب شاہد

(اسلام آباد)

| | | |
|---|---|---|
| نام | : | قمر علی عباسی |
| پیدائش | : | ۱۳رجون ۱۹۳۸ء |
| مقام | : | امروہہ (یو۔پی۔انڈیا) |
| والد | : | جناب یعقوب علی عباسی |
| والدہ | : | محترمہ کنیز فاطمہ |
| بہن بھائی | : | ذیشان عباسی، ثمر علی عباسی، ظفر علی عباسی، منور علی عباسی، درخشاں عباسی |

جائے تعلیم:

کوہ مری (پرائمری تعلیم)، حیدرآباد سندھ، گورنمنٹ کالج حیدرآباد، جامعہ سندھ

تعلیمی اسناد:

بی۔اے آنرز، ایم۔اے معاشیات، ایم۔اے اُردو

ٹریننگ:

نیشنل براڈ کاسٹنگ اسکول لندن

اے آئی بی ڈی کورس (ملائیشیا)

انوسٹی گیٹر (Investigator)

ملازمت:

لیکچرر: معاشیات نیشنل کالج کراچی

مدیرِاعلیٰ: پاکستان کالنگ، آہنگ شعبہ مطبوعات ریڈیو پاکستان

کنٹرولر/اسٹیشن ڈائریکٹر: ریڈیو پاکستان کراچی

ایڈیٹر: انفولائن جنگ کراچی

چیف ایڈیٹر: ہفت روزہ عوام نیویارک

بچوں کی کتابیں:

۱۔رحمل ڈاکو ۲۔بہادر شہزادہ ۳۔شیشے کی آنکھ ۴۔ایک تھا مرغا ۵۔بہادر علی ۶۔شرارتی خرگوش ۷۔سمندر کا بیٹا ۸۔کائیں کائیں میاؤں میاؤں ۹۔ہمارا پاکستان ۱۰۔عزم عالی شان ۱۱۔قوت عوام ۱۲۔منزل مراد ۱۳۔چوہدری رحمت علی ۱۴۔علامہ اقبال ۱۵۔قائداعظم محمد علی جناح

سفرنامے:

۱۔لندن لندن ۲۔دِلّی دُور ہے ۳۔چلا مسافر سنگاپور ۴۔امریکہ مت جیو ۵۔برطانیہ چلیں ۶۔واہ برطانیہ ۷۔ایک بار چلو وینس ۸۔نیل کے ساحل ۹۔بغداد زندہ باد ۱۰۔لرنا کا آیا ۱۱۔لاپیرس ۱۲۔قرطبہ قرطبہ ۱۳۔جاناں سوئیز رلینڈ ۱۴۔اور دیوار گرگئی ۱۵۔ترکی میں عباسی ۱۶۔کینیڈا انتظار میں ۱۷۔شونار بنگلہ ۱۸۔ماریشس میں دھنک ۱۹۔میکسیکو کے میلے ۲۰۔سنگاپور کی سیر ۲۱۔عمان کے مہمان ۲۲۔صحرا میں شام ۲۳۔سات ستارے صحرا میں ۲۴۔شام تجھے سلام ۲۵۔ہندوستان ہمارا ۲۶۔لنکا ڈھائے ۲۷۔ساحلوں کا سفر ۲۸۔ناسو ہرا ہے ۲۹۔ذکر جل پری کا ۳۰۔ہوا ہوائی

سوانح عمری:

۱۔32 ناٹ آوٹ

۲۔اِک عمر کا قصہ

کالموں کا مجموعہ:

دل دریا

اعزازات:

| | | |
|---|---|---|
| ۱۔ | اے پی این ایس بہترین کالم نگار ایوارڈ۔ | ۱۹۹۲ء |
| ۲۔ | بےنظیر ٹیلنٹ ایوارڈ۔ | ۱۹۹۵ء |
| ۳۔ | بہترین کالم نگار ایوارڈ۔ | ۱۹۹۶ء |
| ۴۔ | صوبائی اسمبلی ایوارڈ برائے ادب۔ | ۱۹۹۷ء |
| ۵۔ | پاکستان رائٹر گلڈ ایوارڈ برائے سفرنامہ ''سات ستارے صحرا میں'' | ۲۰۰۷ء |
| ۶۔ | پاکستان رائٹرز گلڈ ایوارڈ بچوں کا بہترین ادب | ۱۹۷۳ء |
| | // | ۱۹۷۶ء |
| | // | ۱۹۸۲ء |
| | // | ۱۹۸۷ء |
| ۷۔ | گولڈ میڈل ادبی ایوارڈ، ڈنمارک | ۲۰۰۴ء |
| ۸۔ | طباطبائی ایوارڈ بہترین ادیب، لاس اینجلس | ۲۰۰۷ء |
| ۹۔ | کراچی یونیورسٹی المنائی ایوارڈ۔کینیڈا | ۲۰۱۱ء |
| ۱۰۔ | لٹریری سوسائٹی مکتا گا شا ایوارڈ، بنگلہ دیش | ۲۰۰۲ |
| ۱۱ | تمغہ امتیاز | ۲۰۰۰ء |

دیگر بے شمار ایوارڈز، جن کی فہرست بہت طویل ہے۔

☆

## "ابنِ شگوفہ"

### صاعقہ مقبول

(اسلام آباد)

۱۷؍مارچ ۱۹۹۶ء

کراچی

مشفقی قمر علی صاحب، تسلیم۔

"دلی دُور ہے" اس کتاب کو میں نے حرفاً حرفاً پڑھا۔ کتابیں کئی قسم کی ہوتی ہیں اور اس لحاظ سے ان کے پڑھنے کی تکنیک بھی الگ الگ ہوتی ہے۔ بعض کی سرسری ورق گردانی سے ان کا ماحصل مل جاتا ہے۔ بعض کو پڑھنے میں غور وفکر کی ضرورت ہوتی ہے۔ اس کتاب کو میں نے تفصیل سے پڑھا تو یہ مصنف کے اندازِ تحریر کا کمال تھا جس میں بڑی جاذبیت ہے۔ خواجہ حسن نظامی کی تحریر میں بھی (یادش بخیر) یہی خوبی تھی۔ معمولی واقعات میں ڈرامائی تاثر پیدا کر دینا یہ بڑی بات، بڑا آرٹ ہے اور فطری جوہر پہ مبنی۔

اس کتاب کے ساتھ میں نے بھی ہندوستان کا سفر کر لیا۔ وہ مقامات بھی دیکھے جہاں کبھی جانا نہیں ہوا تھا اور وہ بھی جو دیکھے بھالے تھے۔ دونوں کا بیان یکساں، دلچسپ معلوم ہوا۔ صحیفہ نگاری ایک نقطہ پر آ کر ادب بن جاتی ہے۔ یہاں بھی بعض جگہ شعر کی سی تاثیر پیدا ہو گئی ہے۔ ہر تخیّل پیرایۂ بیان بھی ہے الفاظ کے برتنے کا سلیقہ بھی۔ افسانوی دلکشی کے ساتھ واقعہ نگاری، مسکراتا ہوا انداز اور مزاح کی چاشنی اس پر مستزاد۔

اس تحریر کا مقصد جو بے اختیار قلم سے نکلی اُس رطب کا اظہار ہے جو مجھے اس کتاب کے مطالعے سے ملا۔ مبارکباد اور دلی شکریہ۔

شان الحق حقی

یکم اکتوبر ۱۹۸۴ء

لاہور

محترمی ومکرمی جناب قمر علی عباسی، سلام مسنون۔

آپ کا خط مورخہ ۲۵ ستمبر ۱۹۸۴ء بمعہ فوٹو کاپی مسودہ "شاعرِ اسلام مفکر پاکستان ڈاکٹر محمد اقبال" موصول ہو گئے جن کے لیے میری طرف سے شکریہ قبول فرمائیے۔ میں نے مسودہ دیکھ لیا ہے حضرت علامہ اقبال کے سوانح حیات سے متعلق بچوں کے لیے ابھی تک کوئی مناسب کتاب تحریر نہیں کی گئی۔ آپ یہ بہت بڑی خدمت انجام دے رہے ہیں کہ بچوں کو کتابی شکل میں تفریحی ادب کے ساتھ ساتھ آسان زبان میں قیامِ پاکستان کے پس منظر کے بارے میں معلومات فراہم کی جا سکیں اور اسی سلسلے میں آپ نے حضرت علامہ اقبال کے سوانح حیات پر مشتمل کتاب شائع کرنے کا ارارہ کیا ہے جبکہ مسوّدے کی فوٹو کاپی مجھے ارسال کی گئی ہے۔

جاوید اقبال

۱۰؍مئی ۲۰۰۴ء

حیدر آباد، دکن

منکہ محبی قمر علی عباسی صاحب، تسلیمات۔

میں آپ کے سفرنامے نہایت ذوق وشوق کے ساتھ پڑھتا ہوں، کبھی کبھی اس نکتے پر غور کر کے حیران رہ جاتا ہوں کہ آپ نے ڈھیر سارے ملکوں کا سفر کرنے کے لیے اتنا سارا وقت کیسے نکال لیا اور جب سفر کرنے میں اتنا سارا وقت کھپا دیا تو سفرنامے لکھنے کے لیے آپ کو وقت کہاں سے مل گیا، اس کا مطلب یہ ہے کہ آپ نے زندگی میں دو ہی کام کیے ہیں، آپ یا تو سفر کرتے رہتے ہیں اور جب سفر نہیں کر رہے ہوتے تو سفرنامہ لکھ رہے ہوتے ہیں۔

آپ کے سفرناموں کے تقریباً تیس سے زائد مجموعے شائع ہو چکے ہیں ماشاء اللہ کیا ذوقِ سفر ہے اور کیا شوق سفرنامہ نگاری ہے۔ سفرنامہ نگاری کے معاملے میں آپ کا سٹیمنا، لگن اور حوصلہ قابل رشک ہے۔ میں جغرافیہ کے مضمون میں یوں بھی کمزور ہوں، آپ کے سفرناموں کو پڑھ کر اندازہ ہوا کہ دنیا میں اتنے سارے ممالک موجود ہیں، واقعی دنیا کتنی بڑی ہے اور انسان کتنا چھوٹا جسے آپ اپنی تحریر کے ذریعہ بڑا بنانا چاہتے ہیں، کبھی کبھی تو ڈر ہوتا ہے کہ آپ کے سفرناموں کی وجہ سے دنیا میں سیر و سیاحت کی صنعت کو کوئی نقصان نہ پہنچ جائے، لوگ ملکوں ملکوں کے اسفار پر بے دریغ رقم خرچ کرنے کے بجائے اپنے گھروں میں بیٹھے بیٹھے آپ کے سفرناموں کو پڑھ کر سفر کے مزے لوٹنے کی کوشش کریں گے، وہ تو اچھا ہوا کہ سائنس دانوں نے ابھی تک مریخ کو تسخیر نہیں کیا ہے ورنہ آپ اس کی بھی سیاحت کر کے ایک سفرنامہ لکھ لیتے۔

آپ کے سفرناموں کی سب سے بڑی خوشی وہ شگفتگی زندہ دلی اور خوش دلی ہے جو جگہ جگہ پائی جاتی ہے، کوئی ملک کتنا ہی سنجیدہ اور وہاں کے باشندے کتنے ہی ثقہ کیوں نہ ہوں، خدا نے آپ کو جو یہ دولت بخشی ہے اس کے باعث آپ کا اسلوب تحریر بے حد رواں دواں، سبک چابکدست، بے تکلف تر و تازہ اور مزے دار بن گیا ہے۔ چھوٹے چھوٹے واقعات کو آپ اپنے منفرد اسلوب میں ایسی فنکارانہ مہارت کے ساتھ بیان کر جاتے ہیں کہ پڑھنے والا آپ کی تحریر کے سحر میں ڈوب جاتا ہے بلکہ جہاں آپ کا سفرنامہ ختم ہوتا ہے وہاں سے وہ اپنی زندگی کے ایک نئے سفر کا آغاز بھی کرتا ہے۔

آپ غالباً اردو کے واحد ادیب ہیں جس نے اپنے کراماً کاتبین کو بہت زیادہ محنت کرنے کی آزمائش میں مبتلا نہیں رکھا کیونکہ کراماً کاتبین کو آپ کے سلسلے میں جو کچھ لکھنا چاہیے تھا وہ آپ نے پوری سچائی اور نیک نیتی کے ساتھ

بزعم خود اپنے لاتعداد سفرناموں میں لکھ دیا ہے۔ اس اعتبار سے آپ اپنے سفر ناموں کے حوالے سے بھی جنت میں داخلہ پانے کے حقدار بن گئے ہیں، میری دلی مبارکباد قبول فرمایئے، میری دعا ہے کہ آپ کا ادبی سفر جوتا دیر جاری رہے گا اس میں سفرنامہ نگاری ہمیشہ شامل رہے۔

آپ کی بے مثال سفرنامہ نگاری کے علاوہ مجھے آپ ویسے بھی عزیز ہیں کہ آپ کا تعلق امروہہ جیسی مردم خیز سرزمین سے ہے، اگرچہ دکن کا ہوں لیکن امروہہ سے تعلق رکھنے والی کئی ہستیوں سے میرے گہرے مراسم رہے ہیں۔ صادقین، جون، ایلیا، پروفیسر نثار احمد فاروقی، زبیر رضوی، حکیم کلب علی شاہد، کن کن کا ذکر کروں! میں نے بھی غلطی سے کچھ سفرنامے لکھے ہیں لیکن آپ کے بے شمار سفرناموں کے آگے میرے ان مختصر سفرناموں کی حیثیت اونٹ کے منہ میں زیرے کے برابر والی بات بن گئی ہے یہی وجہ ہے کہ آپ کے سفرناموں کو پڑھ کر کبھی ذہن میں ''مسافرانہ چشمک'' کا خیال نہیں آیا بلکہ رشک کا جذبہ ضرور دل میں پیدا ہوا۔

مجتبیٰ حسین

۱۷رمئی ۱۹۹۴ء

لاہور

یارِ دلربا قمر علی عباسی۔

تمہاری شخصیت وفن کے بارے میں آدمی کیا کہے اور کیا نہ کہے!

ایک ایسا شخص جو معاشرے سے نہ ڈرتا ہو۔ جو نقادوں سے نہ ڈرتا ہو۔ اور جو اپنی بیوی سے نہ ڈرتا ہو (ایک سے زائد کی صورت میں بیویوں سے نہ ڈرتا ہو) کیونکہ سفرنامہ ایک ایسی صنف ہے جو افسانے یا ناول کی طرح ''صاف چھپتے بھی نہیں'' پر یقین نہیں رکھتی۔ اس میں سامنے آنا پڑتا ہے۔ جو دیکھا ہے جو محسوس کیا ہے اُسے بیان کرنا پڑتا ہے اور گواہی آپ کی اپنی نہیں قمر علی عباسی کی ہوتی ہے۔ افسانے یا ناول کے کسی کردار سلیم یا شیخو کی نہیں ہوتی کہ بعد میں آپ مکر جائیں اور کہیں کہ یہ تو میرے خیالات نہیں میرے افسانے کے ایک کردار کے ہیں۔ یہاں آپ ہر لفظ کے ذمہ دار ہیں۔ اور اگر آپ احتیاط نہیں کرتے تو یہ آپ کی FIR ہے اور آپ کے خلاف باآسانی حدود کا مقدمہ درج ہوسکتا ہے۔ ایک افسانے یا ناول کا کردار کچھ بھی کرسکتا ہے اور کچھ نہیں کہا جائے گا۔ سفرنامے کا ''میں'' اگر لڑکی کا ہاتھ پکڑ لے تو قیامت آجاتی ہے۔ چنانچہ آپ اگر سفرنامہ نگار ہیں تو ایک دلیر شخص ہیں۔ آپ معاشرے کا سامنا کرسکتے ہیں اور اپنی بیوی کا سامنا کرتے ہیں (اور اُسے ایک وفادار خاوند کی طرح یقین دلاتے ہیں کہ سفرنامے میں جن خواتین کا تذکرہ ہے وہ سب کی سب تو فکشن ہیں۔ اور اگر ایک آدھ سچ مچ کی تھی تو اُس کے ساتھ ابن خلدون کے فلسفۂ تاریخ کے بارے میں مذاکرات ہوتے تھے) اور نقاد کا سامنا کرتے ہیں۔ اور یہ نقاد ایک ایسی ''شے'' ہے جو بیہودہ ترین افسانے یا انشایئے کو تو ادب کی صنف مانتا ہے لیکن سفرنامہ چاہے قرۃ العین حیدر یا ٹالسٹائی کا لکھا ہوا ہو اُسے نہیں مانتا۔ کیونکہ وہ خود بے چارہ چھوکی سے پرے نہیں گیا اور اُسے مکمل یقین ہے کہ چھوکی سے پرے کوئی دنیا نہیں اور جو لوگ اُس دنیا کے بارے میں لکھتے ہیں وہ ادب سے مخلص نہیں ہوسکتے۔

چنانچہ صرف ایک بہادر شخص۔

قمر علی عباسی بھی ایک بہادر شخص ہے لیکن اسے بہادر بننے کا خیال دیر سے آیا ہے اور اس کی کتابوں کی ضخامت دیکھ کر خیال آتا ہے کہ دیر آید تندرست آید۔ اردو ادب میں کم ہی لوگوں نے اتنے مسلسل اور اتنے خوبصورت سفرنامے لکھے ہیں (جہاں تک میری معلومات کا تعلق ہے سنسکرت اور چینی ادب میں بھی یہی صورت حال ہے) قمر جتنا اچھا لکھتا ہے اُس سے شدید حسد کرنا چاہیے لیکن میں اُن تمام لوگوں سے محبت کرتا ہوں جو معاشرے سے نہیں ڈرتے، نقادوں سے نہیں ڈرتے اور بیویوں سے نہیں ڈرتے۔

مستنصر حسین تارڑ

۹رمارچ ۱۹۸۴ء

اسلام آباد

برادرِ محترم قمر علی عباسی صاحب، احترامات۔

آپ کی گراں بہار کتاب پاکر دل باغ باغ ہوگیا۔ سادہ اور سلیس عبارت میں آپ کی یہ کتاب علامہ اقبالؒ کا خوبصورت تعارف ہے۔ اس کتاب کے پڑھنے والے کی عمر کی مناسبت سے واقعات کی نوعیت کا خیال رکھا گیا ہے اس کتاب کو بچے لُطف سے پڑھیں گے کیونکہ اس کی معلومات ان کے اُبھرتے ذہنوں کے لیے بوجھ اور الجھن نہیں بنتیں۔ علامہ اقبالؒ جیسے مفکر اور شاعر پر اس طرح لکھنا آسان نہیں۔ مجھے اس کتاب میں علامہ اقبالؒ کی شخصیت، بچوں کے لیے دلکش بن کر اُبھرتی معلوم ہوتی ہے۔

ہمارے ہاں بچوں کے اچھے ادب کی کمی ہے۔ آپ کی کوشش تحسین کے لائق ہے کہ آپ نے اس خلا کو محسوس کیا اور ہمارے بچوں کو ایک اچھی کتاب پڑھنے کو ملی۔

ڈاکٹر محمد افضل

(مرکزی وزیر تعلیم)

۷رنومبر ۱۹۹۸ء

اسلام آباد

عزیزِ من عباسی صاحب! خوش رہیے۔

''لندن لندن'' کے مطالعہ کے بعد ہم نے آپ کو شوقیہ سفرنامہ نگار تصور کرتے ہوئے جس قدر ہلکا لیا تھا آپ اس کے مقابلے میں کہیں زیادہ وزنی ثابت ہو رہے ہیں۔ اگر آپ کی رفتار اور انداز یہ ہی رہا تو ایک دن لوگ باگ ابن بطوطہ کو بھول کر ابنِ شگوفہ کو یاد کیا کریں گے۔

سید ضمیر جعفری

## براہِ راست

اردو ادب کے مشرقی مزاج اور تہذیب و تمدن کے باعث ترقی یافتہ قوموں اور اُن کے ادب سے ہمرشتہ نہ ہونے کے باعث بہت سے نئے تصورات، خیالات، تھیوریز اُس قدر ہماری توجہ حاصل نہ کر سکے جس طور وقت کا تقاضا تھا۔ کچھ ایسی ہی کیفیت سفرنامے کے باب میں پائی جاتی ہے۔ خوشی اس بات کی ہے کہ آج کے دور کا اعلیٰ تعلیم یافتہ، روشن خیال اور روشن دماغ سفرنامہ نگار اس صورتِ حال سے دل برداشتہ ہوا نہ اُس نے کبھی ہتھیار پھینکنے کی بابت سوچا۔ قمر علی عباسی ایسے ہی روشن خیال اور روشن فکر کے حامل سفرنامہ نگار ہیں۔ وہ نہ صرف سفرنامہ نگار بلکہ اردو ادب کی تمام اصناف پر یکساں قدرت رکھتے ہیں۔ آپ کی کہانیاں، ڈرامے، کالم، مضامین بالخصوص بچوں کی کہانیاں ہر علاقے، عمر اور ماحول میں یکساں پسند کیے جاتے ہیں۔ آج کی نشست ہماری آواز میں آواز ملانے کا بہترین موقع ہے جسے آپ یقیناً گنوانا ہرگز نہ چاہیں گے۔

گلزار جاوید

☆ سب سے پہلے یہ فرمایئے کہ آپ کے نام کے ساتھ لفظ عباسی کی اضافت کس بنا پر لگی ہوئی ہے؟

☆☆ گلزار صاحب! کچھ سوالات ایسے ہوتے ہیں جن کا بیان تفصیل چاہتا ہے۔ اصولی طور پر تو یہاں میرا یہ حق بنتا ہے کہ میں اپنا شجرۂ نسب بیان کروں مگر میں آپ کو زحمت سے دوچار کرنا نہیں چاہتا مختصر طور پر اتنا جان لیجیے کہ یہ میرا خاندانی نام ہے اور اس کی نسبت عباسی خلفاء سے بنتی ہے۔

☆ آپ کا بچپن تحیر اور تجسس سے پُر رہا ہے کیوں نہ گفتگو کا آغاز امروہا کی یادوں سے کیا جائے؟

☆☆ جب میرے والد نے پاکستان آپٹ کیا تو میں چھوٹا تھا اس لیے امروہہ میں بچپن کی کوئی یاد ذہن میں واضح نہیں۔

☆ لازمی طور پر اس کے بعد پاکستان آمد، قیام اور جدوجہد کی روداد بیان ہونا چاہیے؟

☆☆ میں اپنے والد والدہ اور بہن بھائیوں کے ساتھ دسمبر ۱۹۴۷ء میں کوہ مری پہنچا، میرے والد سروے آفیسر تھے اور اُن کا ہیڈ آفس وہاں تھا میں نے وہاں پرائمری کی تعلیم حاصل کی اور پھر وہاں سے حیدرآباد سندھ سکونت اختیار کی اور اپنی تمام تعلیم وہیں مکمل کی۔

☆ بزمِ نو آموز مصنفین کی بنیاد کس شوق اور جذبے کے تحت ڈالی گئی انجام سے آغاز تک کی کہانی بیان فرمایئے؟

☆☆ بزمِ نو آموز مصنفین کی بنیاد جنگ اخبار کے بچوں کے صفحے کے انچارج شفیع عقیل (بھائی جان) نے رکھی تھی اور میں اُس میں دوسرے نوعمر ادیبوں شاعروں کے ساتھ سرگرم تھا۔

☆ ادب سے آپ کے تعلق کی ابتداء بچوں کی کہانیاں لکھنے سے ہوتی ہے اس جانب رجحان کے اسباب بتلایئے اور کچھ روشنی ابتدائی کہانیوں کی اشاعت اور پذیرائی پر بھی ڈالیے؟

☆☆ میں امروہہ میں پیدا ہوا، وہاں کے لوگ شاعری کرتے ہیں افسانے لکھتے ہیں یا مُصور ہوتے ہیں بس اسی وجہ سے میں نے بھی لکھنا شروع کیا، روزنامہ جنگ بچوں کے صفحے پر میری کہانیاں شائع ہوتی تھیں یہ وہ زمانہ تھا کہ روزنامہ جنگ ہر گھر میں پڑھا جاتا تھا۔ اس لیے مجھے بھی اپنی کہانیوں کے بارے میں بہت کچھ اچھا سننے کو ملتا جس کی وجہ سے یہ سلسلہ جاری رہا۔

☆ اس کے بعد انجم کے تخلص سے آپ شاعری پر مہربان ہوئے مگر کچھ عرصے بعد ہی تائب ہو گئے؟

☆☆ امروہے میں پیدا ہونے کی وجہ سے اور ددھیال ننھیال میں ہر شخص کے شاعر ہونے کی وجہ سے میری گھٹی میں بھی دائی نے شعر ڈالے تھے۔ اس لیے اسی سے ابتدا کی اور حیدرآباد، سکھر، میرپور خاص کے بہت سے مشاعروں میں شرکت کی۔ اُس زمانے میں حیدرآباد سندھ میں قابل اجمیری، حمایت علی شاعر، محسن بھوپالی، صبا اکبرآبادی، رعنا اکبرآبادی، برگ یوسفی، ارتضیٰ عزمی، سوز شاہ جہاں پوری، پیکر واسطی اور اختر سکندروی، غنی دہلوی جیسے پائے کے شاعر موجود تھے۔ میں نے بہت سوچا اور یہ یقین پختہ ہو گیا کہ میری شاعری میں شاید وہ بات پیدا نہ ہو سکے جو ان شاعروں کے کلام میں ہے اس لیے کوچۂ شعر و سخن سے باہر نکل آیا اور میرے خیال سے اچھا ہی کیا۔

☆ کم از کم ہم آپ سے اس شعر کے مخاطب کی بابت ضرور جاننا چاہیں گے:

کیا قیامت ہے قمر انجم
چاند پورا ہے روشنی کم ہے

☆☆ یوں سمجھ لیں:

گل کو چوما چاند کو دیوانہ وار آواز دی
اِک پردہ اُن کے اپنے درمیان رہنے دیا

☆ اس کے بعد آپ نے خود کو قمر امروہوی کے نام سے موسوم کر لیا اور جلد ہی خدا حافظ کہہ دیا۔ اس کی بھی کوئی وجوہات رہی ہوں گی؟

☆☆ ایک زمانہ تھا کہ لوگ اپنے نام کے ساتھ آبائی نام فخریہ لگاتے تھے پھر یہ ہوا کہ وہ دور آہستہ آہستہ دُور ہوتا گیا ہم نے اپنے آبائی شہر، بزرگوں کی سرزمین کو نام سے ہٹا کر دل میں اُتار لیا جو مستقل ہے۔

☆ اگلا دورِ اعلیٰ تعلیم کا آتا ہے جہاں تقریری مقابلوں، مباحثوں اور انعامات کی تفصیل کا ذکر ضروری ہے؟

☆☆ تعلیم حاصل کی جتنی ممکن ہو سکی تھی۔ بی۔اے آنرز، ایم۔اے معاشیات اور اُردو ادب میں ماسٹرز کی ڈگریاں حاصل کیں۔ مباحثوں میں حصہ لیا، سندھ، پنجاب کے بیشتر کالجوں میں اس سلسلے میں جانا ہوا۔ اُس زمانے کے ممتاز مقررین محمد عارف، علی مختار رضوی، معراج محمد خاں، ظہور الحسن بھوپالی، دوست محمد فیضی، شفیق پراچہ، علی رضا شاہ نقوی اور بہت سے ساتھیوں کے ساتھ ان گنت تقریری مقابلوں میں حصہ لیا اور بے شمار انعامات اور ٹرافیاں حاصل کیں۔

☆ متروکہ املاک وقف بورڈ کی ملازمت اور لیکچرر شپ آپ کی چوائس تھی یا مجبوری؟

☆☆ ملازمت کوئی بھی ہو معاشی مجبوری ہوتی ہے لیکن ہم نے پہلے محکمۂ اوقاف میں تفریحاً ملازمت کی اور شوقیہ لیکچرر شپ کی۔

☆ جوانی سب پر ٹوٹ کر آتی ہے مگر آپ کی جوانی کو منہ زور اور سرکش کیوں گردانا گیا؟

☆☆

جنوں کا نام خرد رکھ دیا خرد کا جنوں
جو چاہے آپ کا حسنِ کرشمہ ساز کرے

☆ C.S.S کا امتحان پاس کرنے کے بعد لوگوں کی خواہش ڈپٹی کمشنر یا کمشنر بننے کی ہوا کرتی ہے آپ نے ریڈیو کا انتخاب کس جذبے کے تحت کیا؟

☆☆ دراصل زندگی میں جب انتخاب کا موقع ملے تو گنوانا نہیں چاہیے۔ اسی لیے میں نے ریڈیو پاکستان میں شمولیت کو ترجیح دی۔

☆ ضیاء الحق کے اقتدار کے دوران آپ پر جو کڑا دور آیا اُس کے اسباب کیا تھے اور اس سے نجات کیونکر مل سکی؟

☆☆

نہ چھیڑ اے نکہتِ بادِ بہاری راہ لگ اپنی
تجھے اٹھکھیلیاں سوجھی ہیں ہم بیزار بیٹھے ہیں

میں ماضی کے اُن لمحوں کو یادوں کے البم میں نہیں سجاتا جو اندھیرے ہیں اور دُکھ دیتے ہیں۔

☆ یونیسکو سے ایوارڈ یافتہ ڈرامہ ''بہادر علی'' کس تحریک اور جذبے کے ساتھ لکھا اور اُس کی اس قدر پذیرائی کیونکر ہوئی اس کے علاوہ ریڈیو ٹیلی ویژن پر کیا کچھ تحریر کیا اور اُسے کس نظر سے دیکھا گیا؟

☆☆ جب بھی کچھ لکھا جاتا ہے تو وہ دراصل مِن جانب اللہ ہوتا ہے۔ بہادر علی ایک خیال تھا جو کاغذ پر آیا تو بہت سے لوگوں تک پہنچا اور پذیرائی ہوئی یہ بھی اللہ کا کرم تھا۔ ٹیلی ویژن پر بے شمار ڈرامے لکھے اور بہت سے سیریل تحریر کیے۔ جب تک پاکستان میں رہا یہ سلسلہ جاری رہا پھر امریکہ آ گیا اور یہ سلسلہ رک گیا۔

☆ آپ کا پہلا سفرنامہ ''لندن لندن'' بتلایا جاتا ہے۔ آپ ہمیں اس جانب توجہ کے اسباب اور احباب کے ردِعمل سے آگاہ کیجیے؟

☆☆ آپ کا خیال درست ہے میرا پہلا سفرنامہ ''لندن لندن'' ہے۔ اُسے کچھ اس طرح پذیرائی ملی کہ سفرنامے لکھنے کا سلسلہ جاری رہا اور ابھی تک اللہ کے کرم سے سفرنامے لکھ رہا ہوں۔

☆ ''لندن لندن'' کا پہلا ایڈیشن اغلاط سے پُر کیوں تھا اس سہو کا ذمہ دار کون ہے اور دوسرے ایڈیشن میں درستگی کرنے والے اعظمی صاحب کی بابت آپ کے احساسات کیا ہیں؟

☆☆ ''لندن لندن'' کی پہلی اشاعت میں کتابت کی غلطی کے تین لوگ ذمہ دار ہیں۔ کاتب، پبلشر اور مصنف۔ جہاں تک دوسرے ایڈیشن میں غلطیوں کا نہ ہونا ہے اس کا الزام حمید اعظمی صاحب کو نہ دیا جائے ان کا اس معاملے میں کوئی لینا دینا نہیں ہے۔ اس میں بھی کاتب، پبلشر اور مصنف ذمہ دار ہیں۔

☆ آپ کی تحریر میں تجزیہ نگاری جس قدر نمایاں ہے اس کی روشنی میں آپ کے اندر ایک افسانہ نگار تلاش کرنا مناسب تو نہیں؟

☆☆ بالکل مناسب ہے۔ افسانہ نگار تلاش کریں مجھے اطلاع دیں میں بھی مل کر خوش ہوں گا۔

☆ جوں جوں آپ کی سفرنامہ نگاری کا سفر آگے کی طرف بڑھتا ہے آپ کا قلم رواں اور بیباک نظر آتا ہے مگر آپ کی فطرت اور ذوقِ سلیم کے برخلاف جب جب جہاں جہاں صنفِ نازک کا ذکر آتا ہے تو آپ کے قلم کی روانی اور بیباکی مدھم پڑ جاتی ہے؟

☆☆ آپ نے بالکل درست سوال کیا ہے اکثر جب صنفِ نازک نظر آتی ہے تو قدم رک جاتے ہیں تو پھر بھلا قلم کیوں نہ رُکے۔ یہ دراصل احترامِ حُسن اور ستائشِ زیبائی ہے۔

☆ بہت سے لوگوں کا خیال ہے کہ آپ کے پیشِ نظر معیار کی نسبت رفتار رہا کرتی ہے جو قاری کو اکثر کھلتی ہے؟

☆☆ رفتار، معیار یہ سب کچھ لکھنے والے کے پیشِ نظر نہیں ہوتا۔ قاری اگر ایسا محسوس کرتا ہے تو وہ میرے سفرنامے کو رک رک کر پڑھے اُسے تیز رفتاری کا گمان نہیں ہوگا۔

☆ بہت سے پڑھے لکھے لوگ Travel louge اور Travel

Guaid کو ایک ہی دستاویز کے زمرے میں کیوں شمار کرتے ہیں؟

☆☆ اگر کچھ لوگ امرود اور سیب کو ایک سمجھتے ہیں تو کیا کیا جا سکتا ہے۔ بہتر ہے وہ قاری سفرنامے کے بجائے ٹریول گائیڈ پڑھیں اور خوش رہیں۔

☆ ایک حلقے کا خیال یہ بھی ہے کہ آپ کا تمام تر تحرک اور جستجو شہرت کی تلاش میں ہے؟

☆☆ دنیا میں ہر شخص کے دل میں بظاہر یا چھپا ہوا جذبہ شہرت کا ہوتا ہے جس کے لیے لوگ نہ جانے کیا کیا پاپڑ بیلتے ہیں۔ اگر ایک سفرنامہ نگار کسی ملک کی روداد لکھ کر یہ سمجھتا ہے کہ اُسے شہرت مل جائے گی تو اُسے یہ سوچنے کا حق ہے اور خیال پر کوئی پابندی نہیں۔

☆ سفرنامے کو ابھی تک ادب کی صنف تسلیم نہیں کیا گیا آپ کے خیال میں اس کے اسباب کیا ہیں نیز ناول کی طرح یہ صنف کب تلک اپنا آپ منوانے میں کامیاب ہو سکے گی؟

☆☆ ہر لکھنے والا اپنی خوشی، اطمینان، سکون اور دوسروں سے کچھ کہنے کے لیے لکھتا ہے اگر کوئی اسے ادب سمجھے نہ سمجھے لکھنے والے کو اس سے کوئی واسطہ نہیں۔ سفرنامہ ادب ہے نہیں ہے یہ صرف لکھنے والا فیصلہ کر سکتا ہے کوئی تنقید نگار، مبصر یہ فیصلہ صادر نہیں کر سکتا کیونکہ وہ اُس کی عدالت میں اپنا مقدمہ لے کر نہیں گیا ہے۔

☆ پاکستان میں موجود سفرنامہ نگاروں میں آپ کی کتب کی تعداد سب سے زیادہ ہے۔ یقیناً آپ کو پسند کرنے والے بھی بے شمار ہوں گے۔ اس نشست میں آپ ہمیں اپنے پسندیدہ سفرنامہ نگاروں کی بابت بتلائیے؟

☆☆ مجھے شفیق الرحمٰن، ابن انشاء، مجتبیٰ حسین بہت پسند ہیں اور باقی لکھنے والوں کو بھی میں شوق سے پڑھتا ہوں۔

☆ آپ نہیں سمجھتے کہ زندگی کا قیمتی حصہ سفر اور سفرناموں کی نذر کر کے آپ نے اہلِ خانہ اور اردو ادب سے ناانصافی کی ہے؟

☆☆ میں سمجھتا ہوں کہ نہ میں نے اہل خانہ کا حق مارا نہ اُردو ادب کو کوئی نقصان پہنچایا نہ اپنا وقت ضائع کیا۔ میں نے جو کیا سوچ سمجھ کر کیا۔ آئندہ بھی ایسا ہی کروں گا۔

☆ ''تھرٹی ٹو ناٹ آؤٹ'' ایک طرح سے آپ کی سوانح عمری گردانی جا سکتی ہے مگر اس میں آپ حقیقت سے زیادہ مصلحت پسند دکھائی دیتے ہیں؟

☆☆ میرا خیال ہے تھرٹی ٹو ناٹ آؤٹ میں میں نے مصلحت سے نہیں حقیقت سے کام لیا ہے کوشش یہ کی ہے کہ قلم سچ لکھے ورنہ بند رہے۔

☆ ریڈیو کی ملازمت سے سبکدوشی کے بعد ادارہ جنگ نے آپ کو اہم ذمہ داری سونپ دی تھی آج کی نشست میں آپ ہمارے قارئین کو وہ حالات و واقعات بتلائیے جس کے باعث سب کچھ چھوڑ کر آپ کو امریکہ آنا پڑا؟

☆☆ ایک طویل داستان ہے مختصراً یہ کہ بس حالات کو دیکھتے ہوئے فیصلہ کیا چلو امریکہ چلیں۔

☆ اتنا عرصہ گزرنے کے بعد بھی آپ نے اس کی جستجو نہیں کی کہ آپ جیسے صلح جو انسان سے کسی کو کیا خطرہ لاحق ہو سکتا ہے یعنی اُن لوگوں کی نشاندہی ہو سکی کہ نہیں جن کے باعث آپ بے وطن ہوئے؟

☆☆ نو کمنٹس (No Comments)

☆ کچھ لوگوں کا خیال ہے کہ یہ ساری کہانی یا ڈرامہ امریکہ نیشنلٹی حاصل کرنے کے لیے رچایا گیا؟

☆☆ اس طرح کی سوچ کے حامل اپنے مہربانوں کے لیے میں دعا ہی کر سکتا ہوں البتہ! آپ کی اور اُن کی تسلی کے لیے یہ عرض کرتا چلوں کہ میں امریکن شہریت ۱۹۹۱ء میں حاصل کر چکا تھا اُس کا استعمال میں نے چند ناخوشگوار حالات و واقعات کے باعث ۱۹۹۹ء میں کیا۔

☆ اگر پاکستان میں حالات قطعی طور پر سازگار ہو جائیں تو امریکہ اور پاکستان میں سے آپ کا انتخاب کیا ہوگا؟

☆☆ پاکستان میری منکوحہ ہے اور امریکہ محبوبہ۔۔۔ دونوں ضروری ہیں۔

☆ نیا سال آپ کی زندگی میں بہت اہمیت کا حامل ہے اور اس کو آپ خوش آمدید بھی اپنے طریقے سے کہتے ہیں۔ ہمارے قارئین کو امریکہ میں گزرے نئے سالوں کی تفصیل بتانا پسند کریں گے؟

☆☆ چراغاں، جشن، شاپنگ اور خوشیاں ہر قدم، ہر گام، ہر جگہ۔

☆ آج کل آپ اور آپ کے صاحبزادے کالم نگاری کی جانب مائل ہیں۔ نجانے کیوں دونوں شخصیات میں احباب آپ کا پرتو تلاش کرتے ہیں؟

☆☆ احباب بالکل صحیح کرتے ہیں بیٹے میں باپ کا پرتو ہونا ضروری ہے وہ وارث ہوتا ہے ہر روایت کا۔

☆ اردو ادب میں کتاب خرید کر پڑھنا ایک طرح سے معیوب سمجھا جاتا ہے آپ کا شمار اسٹال ویلیو کے اہلِ قلم میں ہوتا ہے۔ کتب کی رائلٹی اور پبلشر کے رویے کی نسبت آپ کا حسنِ ظن کیا ہے؟

☆☆ میں اُن خوش نصیب لوگوں میں ہوں جنہیں ویلکم بک پورٹ کراچی جیسا ادارہ ملا ہے جو ایمانداری سے کتاب چھاپتے رائلٹی دیتے اور ہر طرح سے کتاب فروخت کرنے کا اہتمام بھی کرتے ہیں۔

☆ آپ نے جس قدر بھی علمی، ادبی، سیاحتی اور صحافتی کام کیا ہے اُس کے بدلے اردو ادب سے آپ کی توقعات کیا ہیں اور اُن کے پورا ہونے کے امکانات کس قدر ہیں؟

☆☆ اردو ادب کی وجہ سے مجھے ان گنت ایوارڈ ملے، انعامات سے نوازا گیا ہر سطح پر پذیرائی ہوئی۔ صدر مملکت، وزیر اعظم نے اعزازات سے نوازا۔ مجھے میری توقع سے زیادہ سراہا گیا۔

# ’’سخن آزردہ‘‘

## قمر علی عباسی

ہم لندن کے علاقے کوئینز وے کے ہوٹل اپالو میں بڑے سکون سے رہتے تھے۔ بی بی سی کے ہارون جعفری کو یہ اچھا نہیں لگا، انہوں نے یہ خبر شعیب فاروقی کو پہنچادی۔ یہ صاحب ہمارے ساتھ سندھ یونیورسٹی میں تھے۔ یہ بھی لیڈر تھے۔۔۔ او ہم بھی اسی کام میں مصروف تھے۔ یونیورسٹی سے نکلے تو سب ہی دنیا کے بازار میں ادھر اُدھر ہو گئے۔ لندن پہنچے تو ہارون جعفری نے بتایا کہ شعیب یہاں رہتے ہیں۔۔۔ اتنے عرصے سے کہ بعض گوروں سے زیادہ پرانے ہیں۔

ایک دن شام کو ہارون جعفری ہمارے پاس شعیب فاروقی کو لے آئے، دیر تک پرانی باتیں دہراتے رہے۔ اُن سارے لوگوں کو یاد کیا جو نجانے کس بھیڑ میں گم ہو چکے تھے۔ رات جب اچھی طرح بھیگ گئی تو یہ لوگ جانے لگے اور شعیب نے کہا میں کل شام کو آ کر تمہارا ساماں لے جاؤں گا۔ اب میرے ساتھ رہنا ہوگا۔۔۔! ہم اسے تکلف سمجھے۔۔۔ اکثر احباب اور جاننے والے پردیس میں یہ پیش کش کرتے ہیں۔ دوسرے دن ہم ذرا دیر سے ہوٹل پہنچے۔۔۔ استقبالیہ پر شعیب فاروقی بیٹھے تھے۔ ہم انہیں لے کر کمرے میں آئے۔۔۔ وہ ادھر اُدھر بکھرا ہوا سامان سمیٹنے لگے۔ ہم نے پوچھا تو بولے بس میرے ساتھ چلو۔ اُنہیں بہت سمجھایا بتایا کہ اس کا کرایہ برٹش کونسل دیتی ہے۔ یہاں ناشتہ مفت ملتا ہے۔ اس علاقے میں کئی پاکستانی ریسٹورنٹ ہیں، ہمارے ساتھ رعایت بھی کرتے ہیں۔ شعیب فاروقی نے ہماری بات نہ سنی۔۔۔ اور ہم نے مجبور ہو کر کہا کہ کل کمرے کی ادائیگی کر کے ساتھ چلیں گے۔ وہ بولے کہ میں اس ہفتے کی ادائیگی کر چکا ہوں۔۔۔ یہ کہہ کر جیب سے رسید نکال کر دکھائی۔ ہم نے اُنہیں پھر سمجھایا وہ کہنے لگے ٹھیک ہے۔۔۔ مجھے یہ فکر ہے کہ کہیں تمہارا کردار اور چال چلن خراب نہ ہو جائے۔ کوئینز وے اس معاملے میں ایک عالم میں بدنام ہے۔ ہم نے کہا۔۔۔ ’’پہلے ہی بگڑے ہوئے ہیں۔۔۔!‘‘ شعیب فاروقی نے سامان کمرے سے باہر گھسیٹتے ہوئے کہا۔۔۔

’’مزید کی اجازت نہیں ہے۔۔۔‘‘

شعیب فاروقی شیفرڈ بس میں نارلینڈ ہاؤس میں رہتے تھے۔ دو کمرے کا اپارٹمنٹ، ایک کمرہ ہمارے حصے میں آیا۔ صبح کا ناشتہ، رات کا کھانا مفت۔ دوپہر کو ہم نیشنل براڈ کاسٹنگ اسکول کے کینٹین سے کچھ کھا لیا کرتے تھے۔

ہم صبح سویرے اُٹھتے ہیں۔ شعیب فاروقی ہم سے بھی پہلے اُٹھنے کے عادی تھے۔ ہم جب بھی کچن کے برابر ڈرائنگ روم میں آتے تو شعیب کو میز کے گرد کرسی پر بیٹھا دیکھتے۔۔۔ سامنے بڑا سا کافی کا مگ بھرا ہوا۔۔۔! ٹیبل لیمپ جلائے، چشمہ لگائے ایک کتاب پڑھتے، کبھی مسکراتے۔۔۔ کبھی چہرے پر آزردگی آ جاتی۔۔۔ کبھی سپاٹ۔۔۔! اس وقت نہ وہ ادھر اُدھر دیکھتے نہ بات کرتے۔ آدھے گھنٹے تک کتاب کے مطالعے کے بعد اُسے بند کر دیتے اور دیوار سے لگی ایک دراز کھولتے، کتاب رکھتے اور تالا لگا کر چابی جیب میں ڈال لیتے۔۔۔ شروع میں ہم سمجھے یہ کوئی متبرک کتاب کا مطالعہ کرتے ہیں۔ ایک دن چپکے سے دبے پاؤں ان کی پشت سے آ کر دیکھا تو وہ کوئی اردو کی کتاب تھی۔ جب یہ پڑھ چکے تو ہم نے پوچھا

’’یہ کون سی کتاب پڑھتے ہو۔۔۔؟‘‘

فرمایا۔۔۔ ’’یہ پڑھے لکھوں کی کتاب ہے۔ تمہارا اس سے کوئی تعلق نہیں۔۔۔!‘‘

ہم نے کہا۔۔۔ ’’یہ اردو میں ہے، ہم اردو پڑھنا جانتے ہیں۔۔‘‘

فرمایا۔۔۔ ’’یہ اردو نہیں اردوئے معلّیٰ ہے۔۔۔‘‘ اور بات ختم کر دی۔ ہمیں تشویش ہوئی اور اس کھوج میں لگ گئے کہ یہ کون سی کتاب ہے۔۔۔؟

شعیب فاروقی ایک گولڈ رفائنری میں کام کیا کرتے تھے اور ساڑھے سات بجے صبح موسم کی پرواہ کئے بغیر نکل جاتے اور رات گئے واپس آتے۔ ہم نے بازار سے ایک پتلی نوک کا اسکرو ڈرائیور خریدا اور ایک دن اِن کے جانے کے بعد اُن کی دراز کھولنے کی کوشش کی جس میں وہ متبرک کتاب رکھتے تھے، لیکن وہ دراز کھل نہ سکی۔ ایک دن ڈسکاؤنٹ پر ایک ٹول بکس مل گیا اُس میں مختلف سائز کے اسکرو ڈرائیور تھے، ہم نے وہ خریدا اور ذرا سی کوشش کے بعد دروازہ کھولنے میں کامیاب ہو گئے، جو کتاب وہ پڑھتے تھے۔۔۔ سامنے رکھی تھی۔ ہم نے جلدی سے اُٹھا کر دیکھا۔۔۔ اُس کتاب کا نام تھا ’’آگ کا دریا‘‘۔ شعیب فاروقی کے ذوق پر افسوس ہوا۔ کوئی ایسی کتاب بھی ہے جسے ہر روز عقیدت سے پڑھا جائے۔ آگ کا دریا ہم نے کئی سال پہلے پڑھی تھی اور پسند بھی کی تھی۔۔۔ لیکن اس حد تک نہیں۔۔۔!

شام کو بی بی سی کینٹین میں ہارون جعفری سے ہم نے اس واقعے کا ذکر کیا۔۔۔ وہ کہنے لگے۔۔۔ ’’شعیب فاروقی تو پاگل ہے۔۔۔!‘‘

ہم نے کہا ’’تمہیں کیسے معلوم ہوا؟‘‘

اُس نے کہا ’’اُس کی حرکتوں سے‘‘

ہم نے کہا ’’کچھ تفصیل بتاؤ۔۔۔ ہم اُس کے ساتھ رہتے ہیں۔۔ کسی دن حملہ نہ کر دے۔۔۔!‘‘

ہارون جعفری نے کہا۔۔۔ ’’وہ ایسا پاگل نہیں ہے۔۔۔!‘‘

ہم نے پوچھا ’’پھر۔۔۔؟‘‘

انھوں نے کہا ’’وہ قرۃ العین حیدر کی تحریروں کا پاگل ہے۔ تمہیں پتہ ہے پچھلے سال اُس نے کیا کیا۔۔۔‘‘

ہم نے کہا ’’نہیں ہم تو یہاں تھے ہی نہیں‘‘

جعفری کہنے لگا۔۔۔ ’’شعیب فاروقی عمرہ کرنے گیا تھا۔ ایک قرۃ العین حیدر کا بھی کیا۔۔۔‘‘

ہم نے کہا ’’واقعی۔۔؟‘‘

وہ بولا ’’ہر روز ’’آگ کا دریا‘‘ پڑھ کر قرۃ العین حیدر کے لیے سو سال زندہ رہنے کی دعا مانگتا ہے۔‘‘

ہم نے کہا ’’تمہیں یہ سب کچھ کیسے معلوم ہوا۔۔۔؟‘‘

وہ بولا۔۔۔ ’’پچھلے سال میں، تین مہینے تک اُس کے گھر میں تھا۔ اس کے پاگل بننے کی وجہ سے گوتم کے اپارٹمنٹ میں شفٹ ہوا ہوں۔ ہم پریشان ہوگئے اور پوچھا کہ ہم کیا کریں۔۔۔؟

وہ بولا۔۔۔ ’’تمہارا کیا ہے۔۔۔ دو مہینے کے بعد چلے جاؤ گے۔۔۔ اُسی کے یہاں ٹکے رہو‘‘

ایک رات کو گیارہ بجے ٹیلی فون آیا۔ گھنٹی بجی تو ہمیں پتہ چلا کہ شعیب کے گھر میں ٹیلی فون بھی ہے جو خاموش رہتا تھا۔ شعیب نے ریسیور اٹھایا اور کہا۔

’’اس وقت تو رات کے گیارہ بجے ہیں کل میں کام پر جاؤں گا، پرسوں رات آٹھ بجے آجاؤ۔۔۔ کھانا کھا کر آؤ گے چلو کافی ساتھ پئیں گے۔۔۔ خدا حافظ۔۔!‘‘

ہم نے فون پر اتنی مختصر بات چیت کبھی نہیں سنی تھی۔ ہم نے پوچھا کون تھا۔۔؟

فرمایا۔۔۔ ’’اپنا طلعت حسین۔۔۔!‘‘

’’کیا وہی، اپنے ریڈیو والے۔۔۔؟‘‘

کہنے لگے۔۔۔ ’’ہاں بھئی۔۔‘‘

ہم نے کہا۔۔۔ ’’بلا لیا ہوتا۔۔۔!‘‘

شعیب بولے۔۔۔ ’’رات کے گیارہ بجے۔۔۔؟ صبح مجھے جاب پر جانا ہے بیکار کے تکلف مجھے پسند نہیں۔ پرسوں وہ آئیگا پھر لمبی گپ لڑائیں گے‘‘

تیسرے دن رات کو آٹھ بجے اپارٹمنٹ کی گھنٹی بجی، شعیب نے بلڈنگ کا انٹرکام اُٹھا کر کہا۔۔۔ ’’بس دو منٹ میں آتے ہیں۔۔۔‘‘ اور بند کر دیا۔

ہم نے کہا ’’کون ہے۔۔۔؟‘‘

وہ بولے۔۔۔ ’’اپنا فنکار ہوگا۔۔۔ لندن میں ٹائم پر آیا ہے۔‘‘

ہم نے کہا۔۔۔ ’’اوپر بلا لیا ہوتا۔۔۔!‘‘

انہوں نے کوٹ پہنا اور ہمیں باہر لے کر نکل لیے۔ استقبالیہ پر پہنچے تو طلعت حسین کھڑے تھے۔ وہ ہمیں اور ہم اُنہیں دیکھ کر خوش ہوئے۔ پاکستان کی خبریں معلوم کرنے لگے۔ بلڈنگ سے باہر نکلے تو سرد ہوا نے استقبال کیا۔ نزدیک ہی ایک ریسٹورنٹ تھا، چھوٹا لیکن سلیقے سے سجا ہوا صاف ستھرا۔ ایک میز کے گرد بیٹھ کر شعیب نے کافی کا آرڈر کیا۔ طلعت حسین اُن فنکاروں میں سے ہیں، جنہیں ادب سے گہرا لگاؤ ہے۔ دانشوری کی حد تک یہ نثری نظم کے خالق قمر جمیل اور نقاد ضمیر بدایونی کے حلقے میں تھے۔ اس لئے پوچھا۔۔۔ ’’(آگ کے دریا) کے بارے میں تمہارا کیا خیال ہے۔۔۔‘‘

طلعت حسین نے کہا ’’بکواس ہے۔ اس قسم کی تحریروں سے مجھے ہمیشہ کوفت ہوتی ہے۔ یہ کون چھاپتا ہے اور کون پڑھتا ہے۔۔۔‘‘ شعیب فاروقی نے یہ سنا تو اُٹھا اور واش روم کی طرف چلا گیا۔ ہم نے کہا ’’طلعت تم نے غضب کر دیا۔ یہ آدمی تو ’’آگ کا دریا‘‘ کے لیے پاگل ہے۔ روز صبح وہ ناول اس طرح پڑھتا، اگر وہ مذہبی کتاب ہوتی تو کسی درجے کا پیر ضرور ہو جاتا۔ طلعت حسین گھبرا گئے اور بولے مجھے تو مارچ کے مہینے میں دوبارہ لندن آنا ہے اور اسی کے گھر ٹھہرنے کا پروگرام ہے۔ اب کیا کروں؟ ہم نے کہا وہ آرہا ہے۔ ہم دوبارہ باتیں کریں گے۔ تم تعریف کر دینا۔۔۔!

شعیب آکر بیٹھا اُس کے چہرے پر کافی پیئے بغیر تلخی تھی۔ ہم نے کہا ’’طلعت حسین تم ’’آگ کے دریا‘‘ کے بارے میں اس قسم کی خیالات کیوں رکھتے ہو۔۔۔؟‘‘

طلعت حسین ذہین آدمی ہیں۔۔ بولے ’’دراصل مجھے شمیم آراء کی اداکاری پسند نہیں آئی۔‘‘ شعیب کے ہاتھوں سے کافی کا کپ گرتے گرتے بچا۔ اس نے اپنے چشمے کے پیچھے حیران آنکھوں سے گھورتے ہوئے پوچھا تم فلم ’’آگ کا دریا‘‘ کی بات سمجھ رہے تھے۔؟‘‘

طلعت حسین نے کہا۔۔۔ ’’پھر۔۔۔؟‘‘

شعیب فاروقی نے کہا۔۔۔ ’’میں قرۃ العین حیدر کے ناول ’’آگ کا دریا‘‘ کی بات کر رہا تھا۔۔۔!‘‘

طلعت نے کہا۔۔۔ ’’تو پھر یوں کہونا۔۔۔ اُس عظیم مصنفہ کی ہمیشہ زندہ رہنے والی تحریر کی بات کر رہے ہونا۔۔۔؟‘‘

شعیب فاروقی کے چہرے پر چیر بلاسم کھل اُٹھے اور پھر طلعت حسین تکلف کرتے رہے مگر شعیب فاروقی اصرار کرتا رہا۔۔۔ اپنی جان کی قسمیں دیتا رہا۔

بی بی سی کے رضا علی عابدی کو ایک موقع مل گیا، انہوں نے ہمیں، طلعت حسین اور شعیب فاروقی کو ادبی پروگرام میں بلایا اور ساتھ ہارون جعفری کو بٹھا دیا۔ موضوع تھا ’’اردو میں ناول نگاری‘‘ شعیب فاروقی نے قرۃ العین کی ناول نگاری پر بات شروع کی۔ اُن کے اندازِ بیان، کہانی کے تانے بنے کا طریقہ اور الفاظ کے چناؤ پر گفتگو شروع کر دی۔ طلعت حسین نے اپنی رائے کا اظہار

کیا۔ہمیں کیونکہ لندن سے آنے میں چند ہفتے رہ گئے تھے اس لئے کہا قرۃ العین حیدر گیتا، شکنتلا اور رامائین سے متاثر ہیں۔بعض وقت تو احساس ہوتا ہے جملے تک وہی ہیں کرداروں کے۔ یہ بات شعیب فاروقی کے لیے آگ پر تیل کا کام کرگئی۔اُس نے ذرا سی دیر میں اردو ادب کے افسانہ نگاروں اور ناول نگاروں کا تجزیہ کردیا۔ڈپٹی نذیر احمد سے لے کر جمیلہ ہاشمی تک ہر افسانہ نگار اور ناول نگار کی خوبیوں کو بیان کرکے یہ ثابت کیا کہ قرۃ العین حیدر اردو کی ممتاز افسانہ نگار اور ناول نگار ہیں، جن کے انداز و معیار کو کوئی دوسرا چھو نہیں سکتا۔طلعت حسین بھی بھول گئے کہ مارچ میں آکر انہیں شعیب کے گھر ٹھہرنا ہے۔ہارون جعفری ہائیں ہائیں کرتے رہے۔۔۔لیکن مذاکرہ میدانِ کارزار بن چکا تھا۔شیشے کی دوسرے طرف بیٹھے رضا علی عابدی کبھی ہنستے اور کبھی سر پکڑ کر بیٹھ جاتے۔اُس دن ہم نے اور طلعت حسین نے یہ بات دل سے تسلیم کرلی کہ قرۃ العین حیدر اردو ادب کا وہ روشن مینار ہیں جو اردو کے ہر جہاز کو راستہ دکھاتی ہیں۔

مذاکرے نے سنجیدہ رخ اختیار کرلیا۔ ہارون جعفری بولے قرۃ العین حیدر صرف ''آگ کا دریا'' لکھ دیتیں تو اردو ادب کے لیے کافی تھا۔شعیب نے کہا اُنھوں نے گیارہ سال کی عمر سے لکھنا شروع کیا، پھر اتنا کچھ لکھ رہی ہیں کہ اُن کا کوئی ثانی نہیں۔ ''آگ کا دریا'' ہی کیا ''آخر شب کے ہمسفر''، ''میرے بھی صنم خانے''، ''پت جھڑ کی آواز''، ''گردشِ رنگِ چمن''، ''سیتا ہرن'' ''چاندنی بیگم''، ''کارِ جہاں دراز'' وغیرہ وغیرہ کا مطالعہ کریں تو ایک طرف ان کے ذہنی ارتقا کا سفر نظر آتا ہے اور دوسری طرف اُن کا مطالعہ مشاہدہ اور نئے انداز سے افسانہ لکھنا اور ناول تحریر کرنے کے فن کی بلندی کا احساس ہوتا ہے۔ اُن کی تحریر میں ہجرت کا دکھ بھی ہے اور انسانوں کی تقسیم کا افسوس بھی۔ وہ تمام عمر لکھتی رہیں اور لکھتی رہیں گی۔

طلعت حسین نے کہا اردو ادب میں ایسے کم مصنف ہیں جنہیں اُن کی زندگی میں ہی ان کے کام کو قدر و منزلت ملی، اُن کو ہندوستان میں ''گیان پیٹھ''، ''پدم شری'' اور ''پدم بھوشن'' جیسے اعلیٰ اعزازات ملے۔شعیب نے جملہ کاٹا ''حالانکہ انہیں کسی ایوارڈ کی ضرورت نہ تھی۔ کسی ادیب کے لیے سب سے بڑا ایوارڈ پڑھنے والوں کی پسندیدگی ہوتا ہے اور دنیا میں جہاں جہاں اردو پڑھنے والے ہیں وہ قرۃ العین حیدر کی تحریروں کو پسند کرتے ہیں''۔

ہم نے کہا ''کسی ادیب کو اعزاز ملنا اُس کی نہیں ایوارڈ کی قدر و منزلت کو بڑھانا ہے۔ ''پدم شری'' ہو یا ''پدم بھوشن'' یہ اسی وقت معتبر ہوتے ہیں جب ان سے بڑا نام منسلک ہوجائے لیکن اُن کا سب سے بڑا ایوارڈ ہم ''آگ کا دریا'' سمجھتے ہیں۔ یہ چھٹی قبل مسیح سے آج تک کی تہذیبی دستاویز ہے۔ اُجاڑ مندروں کے صحن سے آج کے ماڈرن ڈرائینگ روم تک کی آپ بیتی ہے۔ یہ کہانی ۔۔۔ یہ داستان ۔۔۔ یہ تہذیبی سفر آج تک جاری ہے۔ یہ دنیا کا واحد ناول ہے جسے مصنفہ ہر سال آگے بڑھا سکتی ہے۔

یہ مذاکرہ اتنا طویل ہوا کہ رضا علی عابدی نے بتایا کہ اسے دو قسطوں میں نشر کریں گے۔

ہم شعیب کے سامنے قرۃ العین حیدر کی مخالفت اور پھر حمایت کر چکے تھے، اس لئے گھر پہنچے تو اُس نے مقفل دراز کھول کر ہمیں قرۃ العین حیدر کی وہ کتابیں بھی دکھادیں جو اب کسی بک اسٹال پر دستیاب نہیں ہیں۔ان کتابوں کو حفاظت سے پلاسٹک کے کور میں رکھا گیا تھا۔

ہم نے زندگی میں کسی قاری کو اپنے پسندیدہ مصنف کی اس طرح قدر و منزلت کرتے نہیں دیکھا تھا۔۔۔!

ہم پاکستان لوٹ آئے۔۔۔ کچھ عرصے بعد شعیب فاروقی بھی گوروں سے خفا ہوگئے۔ممکن ہے کسی برطانوی نے غلطی سے قرۃ العین حیدر پر تنقید کردی ہوگی۔ پاکستان آکر ہم سے ملے اور منصوبہ بنانے لگے میں دامنِ کوہ میں ایک چھوٹی سے کٹیا بنا کر رہوں گا۔۔۔ جہاں میری پسند کی کتابیں ہوں گی اور باہر گنگناتے، گاتے بہار اور پت جھڑ کے موسم ہوں گے۔ہم نے اندازہ لگایا کہ شعیب کا پاگل پن ابھی دور نہیں ہوا ہے۔لندن جیسے شہر سے نکل کر پاکستان کے چھوٹے سے گاؤں میں رہنا ناممکن ہے۔

ایک دن اُن کا خط ملا کہ میں نے ایبٹ آباد سے دور ایک پہاڑی گاؤں میں زمین خریدی ہے اور مکان بنا رہا ہوں۔ پھر عرصہ گزر گیا۔اُن کا خط آیا کہ مکان بنالیا ہے۔

''ایک لائبریری، ڈرائنگ روم جس کے آتش دان پر قرۃ العین حیدر کی کتابیں ہیں۔ میں ہوں اور برستے موسم۔ میں نے مکان کے آگے لوکی کی بیل لگائی ہے جس میں پیلے پھول لگائے ہیں۔تمہیں یاد ہے کہ ''آگ کا دریا'' میں یہی بیل جگہ جگہ نظر آتی ہے''

شعیب کے خط بہت طویل ہوتے تھے اُنہیں پڑھنے کے لیے کافی وقت درکار ہوتا تھا، جس میں وہ قرۃ العین حیدر کی تحریر پر تبصرہ کرتا تھا۔ہم سوچتے تھے اگر کسی ادیب کو شعیب فاروقی جیسا ایک قاری بھی مل جائے تو یہ منافع کا سودا ہے۔ہم جواب میں اُسے چند لائن لکھتے تھے۔

''تمہارا خط مل گیا۔۔۔ تمہیں تفصیل جلد لکھیں گے۔۔۔لیکن ایسا کبھی نہیں ہوا۔اُس کے خطوں کا سلسلہ بند ہوگیا۔اب سولہ سال گزر گئے جانے وہ اب ہے کہ نہیں۔۔۔؟''

کل لندن سے سلطانہ مہر کا فون آیا تھا کہ عینی آپا اسّی برس بعد چلی گئیں۔شعیب فاروقی اُن کے لیے سو سال جینے کی دعا کرتا تھا۔ہم سب سے یہ درخواست کریں گے۔۔۔ خدارا قرۃ العین حیدر کے جانے کی خبر ایبٹ آباد نہ پہنچنے دیں۔۔۔ ورنہ یہ شہر سے نکل کر کسی کچی پگ ڈنڈی سے ہوتی ہوئی شعیب فاروقی کے پہاڑی مکان تک پہنچ جائے گی تو شعیب پر کیا گزرے گی۔۔۔اس کا ہم تصور کرنا نہیں چاہتے۔

# میرے ہر قدم کا ساتھی

نیلوفر علیم عباسی
(نیویارک)

قمر علی عباسی میری زندگی میں داخل ہوئے تو ایک ہلچل مچ گئی۔ زندگی و توانائی سے بھرپور، گھنٹوں کا کام منٹوں اور منٹوں کا سیکنڈوں میں انجام دینے والے، پارہ صفت اور میں ٹھہری ہمیشہ کی سہل پسند شاید دس برس کی عمر تک اکلوتی اولاد ہونے کی وجہ سے جو ناز نخرے میرے اُٹھائے گئے تھے یہ اُس کا نتیجہ تھا لیکن اس کا جلد ہی اندازہ ہوگیا کہ اس ہر دم چاق و چوبند رہنے والے کا ساتھ دینے کے لیے مجھے عادتیں بدلنی ہوں گی۔ آج تک اسی کوشش میں لگی ہوں قمر علی عباسی صبح پانچ بجے اُٹھ جاتے ہیں تو میں سات بجے اُٹھ کر سمجھتی ہوں تیر مار لیا۔

عموماً ماتحتوں کو اپنے افسران سے اور افسران کو اپنے انڈر کام کرنے والوں سے شکایتیں رہتی ہیں لیکن یہاں میں ایک اقتباس سید علیم گیلانی کی تحریر سے حوالے کے طور پر پیش کروں گی کہ اندازہ ہو کہ جو لوگ صدق دل اور محنت سے کام کرتے ہیں افسران کا اُنہیں پسند کرنا ''مجبوری'' بن جاتا ہے۔

سید علیم گیلانی براڈ کاسٹنگ اور شعر و ادب کا ایک بڑا نام ہے کہ جنہوں نے ریڈیو ٹیلی ویژن اور فلم کو مہدی حسن، ریشماں، شہناز بیگم، مہدی، ظہیر، افتخار عارف، عبداللہ بیگ قریش پوری جیسے متعدد فنکار، موسیقار، کمپوزر، اینکر زدیئے۔ وہ لگی لپٹی نہیں رکھتے تھے، ریڈیو پاکستان کے ڈائریکٹر جنرل بنے تو اس کی کارکردگی کو عروج پر پہنچایا۔ قمر علی عباسی کے بارے میں لکھتے ہیں:

''عباسی نے بہت کچھ کیا، ہر طرح کے پروگرام کیئے اور نام کمایا، چاق و چوبند، بہت جاگے ہوئے، محنتی جو کام سونپا گیا اُسے پوری ذمہ داری سے نبھانے کی کوشش کی، خود تو عباسی کو نہ جانے اپنی کون سی ادا پسند ہوگی مگر میرے خیال میں ان کا سب سے بڑا اور منفرد کارنامہ ریڈیو کے رسالے ''آہنگ'' کی ترتیب نو ہے، جب میں نے یہ کام ان کے سپرد کیا تو مجھے گمان بھی نہیں تھا کہ وہ اسے اس بلند معیار تک پہنچا دیں گے''۔

قمر علی عباسی ایک وقت میں کئی مختلف کام یکساں خوش اسلوبی سے انجام دیتے ہیں، ۱۹۹۸ء کی بقر عید کا تیسرا دن تھا عباسی نے کچھ کاغذات دیئے ''انہیں پڑھ لیجیے'' پڑھنا شروع کیا تو پتہ چلا کہ انہوں نے ریڈیو کی ملازمت کے آغاز کا تذکرہ کرتے ہوئے اپنی یادوں کو قلمبند کیا ہے، میں خوش ہوگئی کیونکہ میں چاہتی تھی کہ بہت سی بکھری ہوئی باتیں یادیں اور واقعات یکجا ہو جائیں۔ آٹو بائیو گرافی قسم کی کوئی چیز ہو مگر اُنہوں نے اس کو اپنی بتیس سالہ ریڈیو کی ملازمت تک محدود رکھا۔

قمر علی عباسی کا ایک کمال یہ ہے کہ نہایت تیز لکھنا اور سینکڑوں مصروفیات کے درمیان لکھنا ہر قسم کے ماحول، گرد و پیش سے بے نیاز ہو کر، ایک خوشگوار حیرت سے میں اُس وقت دو چار ہوئی جب گیارہویں دن اُنہوں نے اپنی ریڈیو کی یادداشت ''32 ناٹ آوٹ'' پڑھنے کو دی۔ کتاب کا مسودہ مکمل تھا، اِن گیارہ دنوں میں دفتری مصروفیات، ہفتہ وار کالمز، تقریبات کا سلسلہ بدستور تھا، نہ جانے کس وقت لکھتے تھے؟

قمر علی عباسی کسی سفر پر نکلیں کوئی چیز نوٹ بک میں تحریر نہیں کرتے دماغ کے کمپیوٹر میں محفوظ کر لیتے ہیں پھر بھی واقعات کو جس تواتر اور شگفتگی سے بیان کرتے ہیں وہ ان ہی کا خاصہ ہے۔ مشکل اور بھاری بھرکم الفاظ، تشبیہات و استعارات کا سہارا لے کر اپنی تحریر کو پُر اثر بنانے کی کوشش نہیں کرتے سیدھے سادھے الفاظ میں سچائی بیان کرتے ہیں۔ شگفتگی، بے ساختگی دلچسپی صرف تحریر کا نہیں شخصیت کا بھی حصہ ہیں اس لیے عام قاری ان کو اپنے قریب تر محسوس کرتا ہے اور یہی سب سے بڑی وجہ ہے کہ بغیر کسی سفارش بغیر کسی بیکنگ یا گروپ سے وابستہ ہوئے قمر علی عباسی کو اللہ تعالیٰ نے پانچ بار رائٹرز گلڈ ایوارڈ، وزیر اعظم کے اے پی این ایس ایوارڈ اور صدارتی تمغۂ امتیاز کے علاوہ بھی متعدد ایوارڈز سے نوازا۔

مشکل سے مشکل وقت میں بھی قمر علی عباسی گھبراتے نہیں۔ جنرل ضیاء الحق کے دور کا آغاز تھا شاہ سے زیادہ ''شاہ کے مصاحب'' ایکٹو تھے۔ ٹیلی ویژن کے پروگرام سات رنگ میں لکھے ایک خاکے پر ان کو سسپنڈ کر دیا کیونکہ معین اختر نے اُس خاکے میں جو گیٹ اپ کیا تھا وہ مصاحب کے خیال میں جنرل ضیاء الحق سے ملتا جلتا تھا۔ اگر ایسا تھا تو اس میں رائٹر کا کیا قصور؟ یہ تو پروڈیوسر اور میک اپ آرٹسٹ اور آرٹسٹ کا معاملہ تھا بہر حال

برق گرتی ہے تو بیچارے مسلمانوں پر

قمر علی عباسی کو نہ صرف Suspend کیا گیا بلکہ Demote بھی کیا حالانکہ وہ پبلک سروس کمیشن سے آئے تھے اور اس طرح کی تنزلی ڈیپارٹمنٹ نہیں کر سکتا تھا لیکن ہر قاعدے قانون میں ترمیم ہو جاتی ہے۔ کیا مشکل ہے۔ کچھ لائنیں کچھ Clause ہی تو اِدھر اُدھر کرنے ہوتے ہیں اور اس ''اِدھر اُدھر'' میں قمر علی عباسی کی کئی سال کی Seniority اِدھر اُدھر ہوگئی گورنمنٹ یا نیم سرکاری اداروں میں ترقیاں ویسے بھی دیر سے ہوتی ہیں اور کئی طرح کے طریقہ کار کی مرہونِ منت ہوتی ہیں ایسے میں یہ ہو جانا کسی کو بھی ذہنی اور جذباتی طور پر توڑ دینے کے لیے کافی ہے لیکن قمر علی عباسی کا کہنا بلکہ یقین تھا میں نے کچھ غلط نہیں کیا انشاءاللہ میری پوزیشن بحال ہوگی''۔

کئی بار ایسا ہوا کہ باہر کا ٹور یا باہر کی ٹریننگ ہے قمر علی عباسی کا نام جانے والوں میں سب سے اوپر ہے مگر کسی کی ''اوپر'' سے سفارش آگئی اور وہ

افسر چلا گیا جس نے واپس آ کر ریڈیو پاکستان کو اس ٹریننگ سے کوئی فیض نہ پہنچایا۔ قمر علی عباسی کو لندن (بی بی سی) ٹریننگ پر بھیجا تو واپس آ کر "لندن لندن" تحریر کیا جس میں نہ صرف جو وہاں دیکھا سیکھا اُسے ری پروڈیوس کیا بلکہ ریڈیو پاکستان کے ایک افسر کی بطور سفر نامہ نگار بھی پذیرائی ہوئی۔

قمر علی عباسی ان باتوں کی پرواہ نہیں کرتے "میرا نصیب" کہہ کر بات ختم کر دیتے ہیں، اللہ تعالیٰ نے ایک بہت بڑے انعام سے اُنہیں نوازا ہے اور وہ ہے کسی سے جیلس نہ ہونا، اپنا قد اونچا کرنے کے لیے دوسروں کی Achivements کو نظر انداز نہیں کرتے، دوسروں کی کامیابیوں سے خوش ہوتے ہیں، تعریف کرتے ہیں اور سب سے بڑھ کر منافقت نہیں کرتے جس کے نتیجے میں اس فانی دنیا میں بڑے دھوکے اور نقصان بھی اُٹھاتے ہیں۔

قمر علی عباسی فرشتہ نہیں انسان ہیں اُن میں کمزوریاں بھی ہیں، اُن سے کوتاہیاں بھی ہوئی ہیں، غصہ بھی آتا ہے مگر ان سب پر وہ بہت جلد کنٹرول کر لیتے ہیں۔ یہی سب سے اچھی بات ہے۔

قمر علی عباسی نے تمام عمر اعتماد سے بسر کی فیصلے کیے تیزی سے یقین کے ساتھ جب ریڈیو پاکستان کراچی کے کنٹرولر اور اسٹیشن ڈائریکٹر کے عہدے سے ریٹائر ہونے کا وقت آیا تو ڈائریکٹر جنرل صاحب نے ملازمت میں توسیع (Contract) کی بات کی، جواب میں قمر علی عباسی کا کہنا تھا "ہم چاہتے ہیں دوسروں کو موقع ملے، تبدیلی آنی چاہیے، جہاں ہم ہیں وہاں کوئی دوسرا آنا چاہیے نظام بدل جانا چاہیے۔ یہ قدرت کا اصول ہے، صبح، شام، رات، سردی، گرمی، برسات، بہار، خزاں تبدیلی کے نام ہیں"۔

قمر علی عباسی نے زندگی کو ہمیشہ مثبت انداز سے لیا کسی کے ریٹائرمنٹ کا دن یقیناً افسردگی کا دن ہوتا ہے ایک ادارے سے طویل وابستگی کا دن، داخل ہوتا ہے اُس انسٹوٹیوٹ میں تو جوان توانا ہوتا ہے اُمنگیں، ولولے ہوتے ہیں۔ بہت سے اچھے دوست ساتھی بنتے ہیں۔ پاور، کرسی کام کرنے کے مواقع حاصل ہوتے ہیں اور پھر ایک دن۔۔۔ یہ سب چند لمحوں میں ماضی ہو جاتا ہے۔ میں جب کسی کے بھی ریٹائرمنٹ کا سنتی تو قریب قریب اُتنی ہی افسردگی اور ملال محسوس کرتی جتنا شاید وہ شخص کر رہا ہوتا لیکن قمر علی عباسی اس موقع پر بھی اپنی روایتی شگفتگی، مثبت سوچ اور مستقبل کی منصوبہ بندی پیش نظر رکھے ہوئے ہیں۔

"32 ناٹ آوٹ" میں لکھتے ہیں:

"آج 13 جون ہے ہم ساٹھ سال کے ہو گئے زندگی کی ساٹھ بہاریں دیکھیں، ایک لمبا سفر کیا، اسکول کے دن شرارتوں سے بھر لسجے کالج کے کوریڈور ایک کھلنڈرا نوجوان امرودوں سے بھرے درختوں کے نیچے خواب بُنتا ہے، خواہشیں کرتا ہے، اُمیدیں باندھتا ہے، یونیورسٹی کی کینٹین ہے، زور زور سے باتیں، قہقہے، گرما گرم مباحثوں کے تذکرے، ٹرافیاں جیتنے کی خوشی، ستاروں کے قصے، بہاروں کے افسانے زندہ ہوتے ہیں۔ زندگی کے بازار میں لوگوں کی بھیڑ ہے، مقابلہ ہے، پھر ملازمت، تبادلے، اجنبی انجان صورتیں، چاند چہرہ ستارہ آنکھیں، پھولوں کا موسم، برستی بارشوں کے جل ترنگ، ہمارے لیے زندگی پل پل محبتوں، مسرتوں اور کامیابیوں کا نام ہے۔ عزت، شہرت، دولت، صحت، محبت کرنے والی بیوی نیلوفر۔۔۔ سعادت مند بچے ثوبیہ، وجاہت، ماریہ اور باوفا دوستوں کو زندگی کہتے ہیں۔

ہم نے 32 سال ریڈیو میں خدمت کی اور آج یوں محسوس ہو رہا ہے ہم 32 سال کے ہیں، جوان گرم خون جسم میں دوڑ رہا ہے۔

ہمارے پاس بہت سے منصوبے ہیں، کام ہیں، کتنے ملک ہیں جہاں جانا ہے۔۔ ابھی تو بہت لکھنا ہے، بہت بولنا ہے۔ اس کے لیے نیک تمنائیں درکار ہیں، آپ کی دعائیں چاہئیں درازیٔ عمر کی کہ میرا رب بڑی دعائیں سننے والا ہے"۔

بے شک اللہ تعالیٰ دعائیں سنتا ہے اور صدقِ دل سے مانگی دعائیں اُس کے در پر ضرور پہنچتی ہیں یہی وجہ ہے کہ قمر علی عباسی جب ایک بالکل اجنبی شہر، اجنبی دیار نیویارک پہنچے تو اللہ تعالیٰ نے اُنہیں وہاں بھی عزت وقار اور محبتوں سے سرفراز کیا۔ ایسے دوست اور چاہنے والے دیے جنھوں نے اُنہیں ہاتھوں ہاتھ لیا۔۔۔ آج تک سر آنکھوں پر بٹھا کر رکھا ہے۔

یہ میرا اعزاز ہے کہ مجھے قمر علی عباسی کا ساتھ ملا جنھوں نے ہمیشہ میری چھوٹی سی چھوٹی خوشی اور خواہش کو افضل جانا۔

اللہ تعالیٰ سے دعا ہے کہ میں زندگی کا آخری سانس بھی اُس دنیا میں لوں جہاں قمر علی عباسی کا توانائی سے بھرپور مہربان وجود ہو:

کچھ اور مانگنا میرے مشرب میں کفر ہے
لا اپنا ہاتھ دے میرے دستِ سوال میں

○

"ہم جس بازار میں داخل ہوئے اس کی سڑک اتنی تنگ تھی کہ ایک گاڑی آ سکتی تھی، دوسری بالکل برابر سے جا سکتی تھی۔ یوں سمجھیں ٹریفک کی آمد و رفت ہو سکتی تھی لیکن جب سب طریقے سے چلیں اور دکانیں آگے نکلی ہوئی نہ ہوں، خریداروں کی بھیڑ نہ ہو، ٹھیلے، رکشا اور چھابڑیاں نہ ہوں اور یہ سب ہو تو اسے ڈھاکہ کا سب سے معروف اور انسانوں سے بھرا "شنکریہ بازار" کہتے ہیں۔

(شونار بنگلہ سے منتخبہ)

# ''بنانے والے کی تعریف''

سلطان جمیل نسیم
(کینیڈا)

کسی نثر نگار کا قول ہے کہ شاعر اپنے محبوب کا قصیدہ لکھے تو داد سے نوازا جاتا ہے، اگر افسانہ نگار اپنے محبوب کی خوبیاں بیان کرے تو پڑھنے والے پتا پوچھنے لگتے ہیں۔۔۔اب میں پتا کیا بتاؤں۔۔۔قمر علی عباسی کو دیکھ لیجیے۔

آج میں اور قمر عباسی ایک دوسرے کا آئینہ بنے ہوئے ہیں اور اس آئینہ میں جو چہرے نظر آ رہے ہیں وہ اپنے ہونے کے باوجود اپنے نہیں لگتے۔ گذرے ہوئے دن، اُن دنوں کی باتیں اور اپنے چہرے۔۔۔اب کہانی لگتے ہیں۔۔۔تو چلئے پھر کہانی ہی سہی۔

وقت، دن، ہفتہ، مہینہ، سال معلوم کرنے کے لیے کسی جنتری یا حساب داں کا سہارا لینے کی ضرورت نہیں۔۔۔ یہ سب تو ہمارے چہروں سے ہماری باتوں سے معلوم ہو جاتا ہے کہ ہماری دوستی کی عمر جوانی کی حدوں کو پیچھے چھوڑ کر اتنا آگے بڑھ چکی ہے جیسے ایک کامیاب سفرنامہ نگار کی حیثیت سے قمر عباسی کی شہرت پاک و ہند کی اردو دنیا سے نکل کر امریکہ و یورپ سے ہوتی ہوئی بنگلہ دیش اور ماریشس تک پہنچ گئی ہے۔ ہم دونوں ایک دوسرے کے بارے میں اتنا کچھ جانتے ہیں کہ بہت کچھ بھول بھی گئے ہیں۔ اتنا یاد ہے یہ جب ہم پہلے پہل ملے تھے تو بہت خوش تھے، نہ پیٹھ پر یادوں کا پشتارہ تھا نہ دل و دماغ پر اُس نقصان کا بوجھ کہ جوانی کا ریلا اپنے ساتھ بچپن کی معصومیت کو بہالے گیا ہے۔ ہم تو بس جوانی سے گلے مل کے ایسے سرشار ہوگئے تھے کہ اپنے سوا کسی کو گردانتے ہی نہیں تھے، کوئی نظروں میں جچتا ہی نہیں تھا۔ میں تو پھر بھی جوانی کے منہ زور گھوڑے پر سنجیدگی کی زین کسے باگ بھی ہاتھ میں تھامے اور پا بھی رکاب میں جمائے اُس کا رخ ادب کی طرف موڑنے کی کوشش میں لگا تھا قمر علی عباسی۔۔۔ اُف توبہ۔۔۔اس کی جوانی کے شب و روز بیان کرنے کے لیے اپنی لڑکھڑاتی نثر کا سہارا لینے کے بجائے رواں دواں شاعری کا ہاتھ تھام کے پورا پس منظر بیان کیے دیتا ہوں۔

کیا کیا کروں شباب کی رنگینیاں بیاں
قدموں میں کہکشاں تھی تو رگ رگ میں بجلیاں
پیری کا احتمال نہ اندیشۂ خزاں
دل کو یہ اعتبار رہیں گے یوں ہی جواں
دریائے خوں کی تن سے روانی نہ جائے گی
جیسے تمام عمر جوانی نہ جائے گی
(صبا اکبرآبادی)

جیسے تمام عمر جوانی نہ جائے گی۔۔۔اسی یقین کے بل بوتے پر کوئی وقت ایسا نہیں جاتا تھا جب ہنسی مذاق، ٹھٹول، چھیڑ خوانی نہ ہوتی ہو۔ کبھی اس کے ساتھ مذاق کبھی اُس کے ساتھ۔۔۔ بقول مشفق خواجہ۔۔۔ایسا معلوم ہوتا تھا جیسے ابھی کلیاتِ نظیر اکبرآبادی سے برآمد ہوا ہو۔۔۔

اسی چنچل پن کے ساتھ ہائی اسکول بھی پاس کر لیا۔۔۔اسی چلبلے انداز کو لے کر کالج میں بھی داخل ہوگیا۔ مذاق ہی مذاق میں ایک اسکول میں استادی بھی کر لی۔۔۔ ہنستے ہنساتے۔۔۔ لکھنے لکھانے کی طرف توجہ کی تو اخبارات میں، بچوں کے صفحات پر سیکڑوں مضمون اور کہانیاں لکھ ڈالیں۔ بزم نوآموز مصنفین کا عہدہ بھی سنبھال لیا۔ اچانک دھیان شاعری کی طرف گیا۔ لیجیے شاعری بھی شروع۔۔۔قمر نے اپنا تخلص ''انجم'' رکھا۔۔۔ایک شعر مجھے اب تک یاد ہے۔

کیا قیامت ہے اے قمر انجم
چاند پورا ہے روشنی کم ہے

اس پورے چاند کی کم روشنی کون سے مہ جبینوں اور کن خورشید شمائلوں کے آنگن تک پہنچی۔ اس عمر کی کہانیاں اتنی رنگین ہوتی ہیں کہ اکثر ایک اَن کہی کہانی بن کے رہ جاتی ہیں۔۔۔ اپنی کہانی بیان کرنے میں تو مزہ آتا ہے لیکن دوستوں کی کہانیاں اس عمر میں جب وہ نانا اور دادا بن چکے ہوں، مجھے کچھ مناسب نہیں لگتا۔ (پھر اُن ''لڑکیوں'' کے بارے میں بھی سوچئے جو اپنی نظروں کو اپنی بیٹیوں کے بعد اپنی پوتیوں اور نواسیوں کی جوانی کا نگہبان بنائے ہوئے ہوں)۔ قمر اپنی روشنی اور ستاروں کی جھلملاہٹ لئے یونیورسٹی کی کشادہ فضا میں جا پہنچا۔ کالج ہی کی زندگی کے دوران مقرر بننے کی ٹھان لی تھی سو کالج اور پھر یونیورسٹی کے لیے بے شمار مقابلوں میں اولیت کا سہرا سجائے۔۔۔ ٹرافیاں اٹھائے۔۔۔ سینے پر گولڈ میڈل لگائے اپنے تعلیمی اداروں کے وقار میں اضافے کا سبب بنتا رہا۔ یہاں یہ بتانا شاید بے محل نہیں ہوگا کہ اُن تقریری مقابلوں کے ذریعے قمر علی عباسی کے مراسم جن حضرات سے قائم ہوئے اُن میں کراچی کے ایک سیاسی ستون اور مسلم لیگ کے رہنما دوست محمد فیضی ایک نہایت اعلیٰ مقرر اور اپنے وقت کے کامیاب صحافی مرحوم ظہور الحسن بھوپالی۔ محرم کی مجالس میں معبرِ حسینؓ سے کفر و ظلم کے خلاف آواز بلند کرنے والے ذاکر علی رضا نقوی، ایک بیوروکریٹ اور کراچی کا سابق کمشنر شفیق پراچہ اور شہر کراچی میں تھنکرز فورم کا بانی جاوید صدیقی کے علاوہ حیدرآباد کے ساتھی مقرروں میں، ایک شاعر اردو کالج کا استاد اور امریکہ میں گم ہو جانے والا یونس شرر اور کئی اداروں میں افسر تعلقات عامہ (PRO) رہنے والا تین چار کتابوں کا مصنف، نعتِ رسول ﷺ کی محفلوں کی میزبانی کی سعادت حاصل کرنے والا رضوان صدیقی بھی شامل ہے، قمر عباسی اپنے مراسم کو سنبھال کر رکھنا ہی نہیں انھیں نبھانا بھی جانتا ہے۔

یونیورسٹی کی روشن فضا سے نکل کر ریڈیو پاکستان سے وابستگی اختیار کی یہ شاید ۶۷-۱۹۶۶ء کی بات ہے لیکن اپنے دورِ طالب علمی میں کچھ عرصے کے لیے متروکہ املاک (Claims & Settlement Dept) کے دفتر میں بھی اپنی شگفتہ مزاجی کے پھول کھلائے۔ ایک کالج میں بھی استاد بن کر شاگردوں کے دل جیتے اور سچی بات یہ ہے کہ عباسی کو دل جیتنے میں مہارت حاصل ہے، اس مہارت نے ہی یہ وصف پیدا کیا ہے کہ جس سے ایک بار ملاقات ہوگئی وہ اس کا ہی ہوگیا۔ یہی خوبیاں تحریر میں بھی ہیں۔ بچوں کے لیے ایک ناول لکھا ''بہادر علی'' یونیسکو کی جانب سے انعام بھی ملا دنیا کی کئی زبانوں میں ترجمہ بھی ہوا، وہ ناول بچوں میں ''ہیری پوٹر'' کی طرح آج بھی مقبول ہے۔ پاکستان ٹیلی ویژن کے لیے جب اس ناول کی ڈرامائی تشکیل کی تو یہ سیریل چھے مہینے تک ناظرین کی توجہ کا مرکز بنی رہی جبکہ اچھی سے اچھی سیریل بھی تیرہ قسطوں یعنی تین مہینے سے زیادہ نہیں دکھائی جاتی (اگر انڈیا کے کسی چینل پر آتی تو وہ چھے سال سے زیادہ عرصے تک دکھاتے ہی رہتے) پھر یہی ایک سیریل نہیں بچوں کے لیے وہ پانچ چھے سیریل لکھے جو پسند کیے گئے۔ اب اگر بچوں کے لیے لکھے جانے والی کتابوں کی تعداد ہی کو دیکھا جائے تو وہ بھی چار کم چالیس ہے۔

بچوں کے ادیب کی حیثیت سے جب شہرت میں کمال حاصل کر چکا تھا، بہت سی کتابوں پر بہت سے انعامات مل چکے تھے۔

اُس وقت ملاقات ہوئی ''نیلوفر علیم'' سے۔ جس طرح قمر بچوں کے ادیب کی حیثیت سے صفِ اول میں شمار کیا جاتا تھا اُسی طرح نیلوفر علیم ریڈیو پاکستان کی ایک ایسی آواز کی مالک تھیں جن کے بغیر کوئی ڈرامہ مقبولیت حاصل کرنے میں کامیاب نہیں ہوسکتا تھا بلکہ ڈراموں کے علاوہ جس پروگرام میں بھی آواز شامل ہوتی سامعین ہمہ تن گوش ہو جاتے۔۔۔ پھر ٹیلی ویژن کے ایک ڈرامے ''شہزوری'' میں اپنی آواز اور اپنی فنی صلاحیتوں کا جو بھرپور مظاہرہ کیا اُس نے نیلوفر کو ریڈیو پاکستان کے ساتھ ٹیلی ویژن کے لیے بھی باعثِ افتخار بنا دیا۔ نتیجہ کچھ قمر عباسی کی کشش اور بہت کچھ نیلوفر علیم کی خوبیاں اور جاذبیت دونوں ایسے ملے کہ ایک ہوگئے۔

جب کبھی بات نکلتی ہے تو قمر عباسی اپنی شادی کے تعلق سے یہ بات بہت ہنس ہنس کے بتاتا ہے کہ ہر اخبار نے شادی کی خبر کے لیے سرخی جمائی ''نیلوفر علیم کی شادی قمر علی عباسی کے ساتھ ہوگئی'' صرف ایک اخبار نے یوں لکھا ''قمر علی عباسی نے نیلو علیم سے شادی کر لی''۔

جب قمر اور نیلوفر۔۔۔ دو سے ایک۔۔۔ پھر دو سے تین۔۔۔

جب دو اور تین مل کر پانچ ہوگئے اُس 'عالمِ شباب' میں قمر عباسی کو ریڈیو پاکستان کی طرف سے انگلستان بھیجا گیا۔ یہ ستمبر ۱۹۸۱ء کی بات ہے لندن کے سرد موسم میں اپنے دوستوں، ساتھیوں اور اپنے اعزاز میں منعقد ہونے والی تقریبات کو تین مہینے تک اپنی باتوں اور تقریریوں سے گرماتے رہنے کے بعد۔۔۔ واپسی ہوئی تو لندن میں گزارے ہوئے وقت کو زندانِ قرطاس و قلم کے سپرد کر دیا۔۔۔

یوں وقت کے ساتھ یادیں بھی اسیر ہوگئیں۔

لندن کا سفرنامہ ہفت روزہ ''اخبارِ خواتین'' میں مسلسل تین برس تک شائع ہوتا رہا، ''اخبارِ خواتین'' کے مدیر حسن عابدی تھے، قلم کے دھنی، نظریہ کے پختہ، بچوں کے لیے بھی نظمیں لکھنے والے اور نہایت مرنجاں مرنج انسان، خیر حسن عابدی ایک مضمون کا موضوع ہیں۔ ان پر پھر کبھی سہی۔۔۔ فی الحال بات قمر علی عباسی تک ہی رہے تو مناسب ہے۔ قمر کے سفرنامہ لندن کی مقبولیت بچوں کے ساتھ خواتین میں بھی دیکھ کر لاہور کے ایک ناشر نے کتابی صورت دینے کے لیے مانگ لیا۔ یہ ناشر قمر عباسی کی لکھی ہوئی بچوں کے لیے بہت سی کتابیں بھی شائع کر چکا تھا۔ یوں پہلا سفرنامہ ''لندن لندن'' ۱۹۸۶ء میں عوام کے ہاتھوں میں پہنچا۔ ''لندن لندن'' کا پیش لفظ عباسی نے کسی اور سے لکھوانے کے بجائے خود تحریر کیا، جس کے آخر میں ایک جملہ اپنے اختصار کے باوجود نہایت لطیف و بلیغ ہے اور اسی لئے مجھے تقریباً حفظ ہے۔

> ''لندن جانے سے نو سال پہلے شادی اور ایک سال پہلے حج کی سعادت حاصل کی۔ جب لندن پہنچے تو بے تکلف دوستوں نے پوچھا۔۔۔ اب کیا کرنے آئے ہو۔۔۔''

اب دو باتیں ہوئیں۔۔۔ ایک یہ کہ مروجہ قسم کے سفرناموں کی بھیڑ میں ایک نئے لب ولہجہ کے ساتھ تحریر کی دلچسپی اور لطیف مزاح کی چاشنی پڑھنے والوں کو میسر آئی۔۔۔ کتابت کی بے شمار غلطیوں کے باوجود یہ سفرنامہ قارئین میں نہایت مقبول ہوا۔ اس سے پہلے کہ عباسی کے سفرنامے کے بارے میں کچھ اور کہوں مجھے کتابت کی غلطیوں کے حوالے سے اپنے ایک مرحوم دوست سید ارتضا عزمی یاد آ گئے۔

''لندن لندن'' شائع ہوئے زیادہ دن نہیں ہوئے تھے۔ ناشر نے رائلٹی کے ساتھ شاید پچاس کتابیں مصنف کو دی تھیں جو عباسی نے اپنے خاص خاص دوستوں کو بطور تحفہ دیدیں۔ ارتضا عزمی حیدرآباد سے آئے اور قمر سے ملنے کی خواہش کا اظہار کیا۔ ہم دونوں ریڈیو اسٹیشن پہنچے حیدرآباد کے حوالے سے عزمی صاحب سے قمر کی بھی شناسائی تھی۔ میرے اشارے پر قمر عباسی نے دراز میں رکھی ہوئی لندن لندن کی آخری کاپی انہیں پیش کردی۔

اپنے ایک مضمون میں عزمی صاحب کے بارے میں دو باتوں کا تذکرہ کر چکا ہوں۔ ایک تو یہ کہ وہ ہر موضوع پر ہمہ وقت گفتگو کرنے کے لیے مستعد ہو جاتے تھے۔ ان کی اس عادت کو کچھ لوگ پسند نہیں کرتے تھے اور اسی لیے ملنے سے گریزاں رہتے، دوسری بات یہ کہ وہ عیال دار آدمی تھے، پڑھنے لکھنے کا شوق تھا لیکن کتاب خریدنے کی استطاعت نہیں رکھتے تھے اُن کو جو کتاب بھی ہاتھ لگ جاتی اُسے نہات انہاک سے پڑھتے۔۔۔ حاشیئے پر لکھتے بھی جاتے۔۔۔ مجھ سے بہت سی کتابیں پڑھنے کے لیے لے گئے اور سب کے ساتھ انھوں نے یہی سلوک کیا تھا جو آج بھی اُن کی یاد تازہ کرتی رہتی ہیں۔ آدمی محبت

والے تھے۔ قمر عباسی کو چاہتے تھے اپنے مجموعۂ کلام ''چہرہ نما'' پر عباسی کی رائے فلیپ پر دی تھی۔ ''لندن لندن'' لے کر بہت خوش ہوئے۔ مہینہ بھر کے بعد حیدر آباد سے آئے تو ''لندن لندن'' ساتھ تھی انھوں نے حسبِ عادت کتاب نہایت توجہ سے پڑھی تھی۔ کتابت کی ساری غلطیاں درست کی تھیں اور آخر میں رائے دیتے ہوئے یہ لکھا تھا ''ہم کبھی لندن گئے ہی نہیں اس لئے کچھ جانتے ہی نہیں، قمر علی عباسی صاحب کے بارے میں یہ رائے رکھتے ہیں کہ وہ سچے انسان ہیں اس لئے جھوٹ لکھا ہی نہیں ہوگا''۔

یہاں تک تو سب ٹھیک تھا تصیح شدہ کتاب قمر نے رکھ لی تو وہ مُصر ہوئے کہ انہیں کتاب کے بدلے کتاب چاہیے۔ عباسی کے پاس اب کوئی کتاب باقی نہیں تھی چنانچہ اپنے دفتر کے ایک آدمی کو اردو بازار بھیجا کہ وہ کتاب خرید کر لائے۔ کسی کتب فروش کے پاس کتاب باقی نہیں رہی تھی۔ یہ معلوم ہونے کے بعد عزمی صاحب نے صبر کر لیا اور قمر علی عباسی کو یہ فائدہ ہوا کہ دوسرے ایڈیشن میں ننیانوے فیصد غلطیاں راہ پانے سے رہ گئیں۔

''لندن لندن'' کی مقبولیت نے جہاں مصنف کا حوصلہ بڑھایا وہاں ناشر کو اصرار پر مجبور کیا کہ وہ قمر عباسی سے ایک اور سفر نامہ کا مطالبہ کرے۔ قمر کے سامنے سب سے بڑی رکاوٹ محکمے سے بیرونی ملک کے سفر کا اجازت نامہ حاصل کرنا تھا مگر ادارے کی پختگی نے ہمیشہ قمر کا ساتھ دیا ہے۔ یہ مرحلہ بھی طے ہوا اب سفر کرنے کے لیے جب تمام اسباب موجود ہوں تو پھر بقول شاعر:

سفر میں کوئی شریکِ سفر بھی ہوتا ہے

حوصلہ بھی تھا، وسائل بھی اور شریکِ سفر بھی۔ چنانچہ زندگی بھر کے ہمسفر کو ساتھ لیا اور اپنی ماتر بھومی کا رُخ کیا یعنی امروہہ کے سفر پہ نکل کھڑے ہوئے۔ حضرت نظام الدین اولیاءؒ کی دلی میں زیادہ وقت گزارا، تاج محل دیکھنے آگرہ بھی گئے۔ فتح پور سیکری جا کے حضرت شیخ سلیم چشتیؒ کو بھی سلام پیش کیا۔ شملہ اور مسوری کے سرد موسم کو بھی جانچا۔ کلیئر شریف جا کے حضرت صابرؒ کے مزارِ مبارک کی بھی زیارت کی۔ پاکستان واپس آئے تو ایک کسک سی دل میں لئے ہوئے کہ اب ''دلی دور ہے'' اس کے بعد تُو چل میں آیا کہ مصداق ہر سال ایک نئے ملک کی سیر اور ایک نئے ملک کا سفر نامہ۔۔۔

قمر کو سفر نامہ لکھنے کا سلیقہ ہی نہیں آتا بلکہ اپنے شوق اور اپنی ذمہ داریوں کو قرینے سے نبھانا بھی آتا ہے۔ مجھے اعترِاف کرنے میں کوئی جھجک نہیں کہ میں یہ لکیر نہیں کھینچ سکا۔ ۱۹۶۸ء سے ۱۹۷۸ء تک پورے دس سال تک میں ادب کی ذمہ داری کو پوری طرح نہیں نبھا سکا۔ مشکل سے سات آٹھ افسانے لکھے جو سیپ، اوراق اور فنون میں شائع ہوئے جب کراچی میں سر چھپانے کا سہارا ہو گیا یہ اطمینان ہو گیا کہ اب بچوں کی تعلیم میں کوئی رکاوٹ نہیں آئے گی اس کے بعد پوری طرح خود کو ادب کے لیے وقف کر دیا۔

(یہاں میں کچھ اپنی باتیں کرنا چاہتا ہوں۔ میرے والد نے جتنا لکھا ہے میں نے اُس کا عشرِ عشیر بھی نہیں لکھا، انھوں نے لکھنے پر تو پوری توجہ دی مگر اشاعت کی طرف ذرا بھی دھیان نہیں دیا۔ چنانچہ میں نے یہ طے کیا ہے اور اس کو میں اپنی وصیت بھی کہتا ہوں کہ میرے بعد جو بھی میرا اثاثہ ہو، اس میں سے شرعی طور پر میں جتنا اپنی مرضی سے رکھ سکتا ہوں وہ کتابوں کی اشاعت پر خرچ کیا جائے جس میں میری اور میرے والد حضرت صبا اکبر آبادی کی کتابیں بھی شامل ہیں۔ باقی ورثاء میں تقسیم ہو۔)

قمر عباسی نے اپنی تحریر اور تقریر سے جو مقبولیت حاصل کی ہے وہ اپنی جگہ لیکن اُس نے اپنی کتابوں کی اشاعت کے معاملے میں کچھ ادھار نہیں رکھا لکھنے سے پہلے اشاعت کا انتظام کر لیا۔ مراسم اور تعلقات کو برتنے کے ساتھ اُن کو نبھانا بھی جانتا ہے۔ دوستوں سے محبت بھی کرتا ہے لیکن اہمیت صرف اُن لوگوں کو دیتا ہے جو اُس سے ہر لحاظ سے مرتبے میں بلند ہوں۔

اپنے پہلے سفر نامے کی تقریب کے لیے اُس نے ادیبوں شاعروں کو مدعو کیا لیکن دوسری کتاب کی تقریب کے لیے چند ناواقف کاروں کے علاوہ کسی ادیب شاعر کو بلانے کا روادار نہیں تھا۔ مثلاً سندھ کے گورنر سے کتابوں کی تقریب میں صدارت کے لیے درخواست کی جاتی ہے یا پھر کوئی وزیر صرف ایک مرتبہ (شاید پہلی کتاب کی تقریب) کے لیے ڈاکٹر جمیل جالبی سے صدارت کی درخواست کرنے میرے ساتھ گیا تھا وہ بھی شاید اس لیے کہ اُس زمانے میں جالبی صاحب کراچی یونیورسٹی کے وائس چانسلر تھے۔

دوسرے اہلِ قلم کی طرح عباسی کو بھی شہرت پسند ہے۔ یہ پسند اُس وقت ایک امتحان بن گئی جب اُس کی شادی ہوئی، وہ ریڈیو پر افسر تھا۔ بچوں کے ادیب کی حیثیت سے رائٹرز گلڈ کے انعامات بھی حاصل کر چکا تھا، شہرت میں بھابی نیلوفر بہت آگے تھیں۔ شاید اُن کی شہرت نے ہی مہمیز کا کام لیا۔ اب نیلوفر علیم کا نام ایک خواب ایک یاد بن کر رہ گیا ہے۔ اب قمر کی کتابوں کی رونمائی میں معلن کی حیثیت میں نیلوفر عباسی شریک ہوتی ہیں۔ وہ بھی ابتدائی دو چار کتابوں کی تقریبات کے بعد۔۔۔ اور

میرے ہر نفس کی راحت
میرے ہر سفر کی ساتھی

ہر نفس کی راحت۔۔۔ عباسی کی بیماری کے بعد ہر سفر کی ساتھی بنی ہیں۔ ''دلی دور ہے'' کے سفر میں تو یقیناً بیوی بچے شریکِ سفر تھے البتہ ''شونار بنگلہ'' اور اس کے بعد لکھے گئے تمام سفر ناموں میں ہر سفر کی ساتھی شریکِ حیات تھی۔

میں نے کہا نا۔۔۔ عباسی کو تعلقات نبھانے اور برتنے آتے ہیں۔ یہ ہنر بہت کم لوگوں کو آتا ہے۔

قمر علی عباسی نے جتنے سفر کیے ہیں اُتنے سفر نامے نہیں لکھے ہیں مثلاً ہندوستان دو مرتبہ جانا ہوا مگر سفر نامہ صرف ایک یعنی ''دلی دُور ہے'' لکھا۔ سفر ناموں کے علاوہ قمر علی عباسی نے دو کتابیں اور تصنیف کی ہیں ''ایک عمر کا قصہ'' اور

’’33 ناٹ آوٹ‘‘۔ میں ان دونوں کتابوں کو بھی اُس کا سفر نامہ کہتا ہوں۔ایک زندگی کے ماہ وسال کا سفر نامہ ہے تو دوسرا ملازمت کے سفر کی روداد۔لیکن میں ان دونوں کتابوں میں بڑی تشنگی محسوس کرتا ہوں۔عباسی کی زندگی دھوپ چھاؤں کا مرقع ہے اس کو بے پناہ محبت بھی ملی ہے اور اپنوں کی جانب سے بے رخی اور دکھوں کا ڈھیر بھی۔یہ دوسری بات ہے کہ وہ خوشی کے مواقع ملنے پر آپے سے باہر نہیں ہوتا اور پریشانیوں کو بھی اکیلے جھیلنے کی صلاحیت بھی رکھتا ہے، ان کتابوں میں مجھے یہ کمی محسوس ہوتی ہے کہ ہر بات کے بیان میں اس نے بہت اختصار سے کام لیا ہے جب وہ ایک مہینے یا دو ماہ کے لیے سفر پہ نکلتا ہے تو ایک سفر نامہ لکھ دیتا ہے۔زندگی کی کتھا تو آدھی صدی سے زیادہ کی تھی، اسی طرح مدتِ ملازمت بھی تیس سال سے زیادہ تھی، عباسی کو اپنے دکھ اور اپنی خوشیوں میں سے بھی اپنے قارئین کو اسی طرح شریک کرنا چاہیے تھا جس طرح سفر نامہ لکھتے ہوئے سفر کی تمام تر دلچسپیوں میں پڑھنے والے کو ساتھ ساتھ رکھتا ہے، اس بات کو سب ہی جانتے ہیں کہ زندگی دھوپ چھاؤں کا کھیل ہے اور زندگی یہ کھیل کم وبیش سب کے ہی ساتھ کھیلتی ہے لیکن جو لوگ قوتِ اظہار رکھتے ہیں اُن کو وہ تمام مرحلے اپنے پڑھنے والوں سے شیئر کرنے چاہئیں جو ناگفتنی رہ گئے ہوں۔کتاب لکھنے کا ایک مقصد یہ بھی ہوتا ہے کہ اپنے تجربات میں دوسروں کو شریک کیا جائے وہ تجربات خوشی کے ہوں یا غم کے، دراصل ہم سب نے بڑے لوگوں کی باتوں سے ہی سیکھا ہے۔

قمر علی عباسی کی شخصیت میں جو صبر وضبط کا جذبہ فطرت نے شامل کیا ہے وہ اپنے قریب رہنے والوں تک ہی کیوں محدود رہے لیکن ایک حقیقت یہ بھی ہے کہ ہر لکھنے والا اپنی خوشی کے لیے لکھتا ہے۔اگر ’’ایک عمر کا قصہ‘‘ میں بہت سی باتیں بیان کرنا ضروری نہیں سمجھا تھا تو ’’تھرٹی تھری ناٹ آوٹ‘‘ میں دفتری ساتھیوں ان کی محبتوں اور سازشوں کے علاوہ اُن تمام لوگوں سے بھی اپنی تفصیلی ملاقات کا احوال لکھا ہوتا جو ریڈیو سے ایک فنکار کی حیثیت سے وابستہ تھے۔یا اپنے شعبہ کی بڑی اہم شخصیت تھے اور اُن سے ریڈیو اسٹیشن پر ملاقات ہوئی تھی۔بہرحال میرے نزدیک یہ کتابیں ذرا تشنہ سہی لیکن ان مین کشش اور دلچسپی اُتنی ہی ہے جو قمر عباسی کی تحریر کا خاصہ ہے اور پڑھنے والوں کو اپنی طرف پوری طور سے منہمک رکھتی ہیں۔

جس طرح ریل کے سفر میں مختلف اسٹیشن آتے ہیں جہاں انسانی زندگی کے بہت سے مضحکہ خیز یا عبرت انگیز واقعات اہلِ نظر کو دکھائی دیتے ہیں ایسے ہی واقعات کا سفر نامہ ’’دل دریا‘‘ ہے۔جو بظاہر اخبارات میں شائع ہونے والے کالموں کا ایک انتخابی مجموعہ ہے لیکن یہ کتاب بھی سماجی، معاشی اور کبھی کبھی سیاسی زندگی کا ایسا سفر کراتی ہے جیسے ریل کے سفر میں باہر کے منظر نظر آتے ہیں۔

یہ کوئی لگا بندھا اصول یا کلیہ نہیں ہے لیکن دیکھا یہی گیا ہے کہ چھوٹے شہروں سے بڑے آدمی اُٹھے ہیں۔۔۔ ہندوستان میں ایک شہر ہے امروہہ۔۔۔ روایت یہ ہے کہ وہاں آم اور رہو مچھلی کثرت سے ہوتی تھی اسی رعایت سے شہر کا نام امروہہ پڑ گیا۔آم اور مچھلی کی شہرت تو پیچھے رہ گئی، ادب آگے آ گیا۔۔۔اب یہی دیکھیئے۔۔۔ مصحفی جیسا شاعر۔۔۔رئیس امروہوی جیسا دانشور، ادیب، شاعر اور قطعہ نگار۔۔۔ڈاکٹر نثار احمد فاروقی جیسا عالم اور محقق۔۔ڈاکٹر محمد علی صدیقی جیسا نقاد۔۔۔اور ہمارے قمر علی عباسی جیسا اعلیٰ پائے کا سفر نامہ نگار کہ وہ بچوں کے لیے کہانیاں لکھے یا سب کے لیے سفر نامہ لفظ بے مزہ ہوتے ہیں نہ بے حرمت۔یہ سب امروہہ کے ہیں۔بات کیونکہ قمر عباسی کی ہو رہی ہے اس لیے یہ کہنا بھی ضروری معلوم ہوا کہ قمر عباسی کی زندگی میں ایک اور چھوٹے شہر کا حصہ ہے وہ ہے حیدرآباد سندھ۔۔۔ جہاں وہ قمر امروہوی سے قمر عباسی بنا۔

قصہ یوں ہے کہ امروہہ کے قاضی شہر تھے محمود علی عباسی انھوں نے اپنے فرزند یعقوب علی عباسی کی شادی اپنے ایک واقف کار ابرار الحق عثمانی کی صاحبزادی سے کردی جن کا نام کنیز فاطمہ تھا۔ان کے یہاں ۱۳ر جون ۱۹۳۸ء میں ایک بیٹا ہوا۔یہ پہلا بیٹا نہیں تھا بلکہ چار بہن بھائیوں کے بعد ہوا۔اور اُس سے چھوٹے بھی پانچ بہن بھائی ہوئے مگر جس کا کام بڑا اُس کا نام بڑا۔والدین کا نام روشن رکھنے کی سعادت قمر کے حصے میں آئی۔۔۔ابھی عمر دس سال ہی تھی کہ پاکستان کی طرف ہجرت کی اور پاکستان میں بھی ایک چھوٹے سے پہاڑی مقام پر پڑاؤ ڈالا یعنی ’’کوہ مری‘‘ دو برس کوہ مری میں گزرے پھر رزق ریگزارِ سندھ کے ایک خوبصورت شہر حیدرآباد میں لے آیا۔یہاں ۱۹۵۰ء میں قمر عباسی نے جامعہ عربیہ ہائی اسکول سے اپنی تعلیم کا آغاز کیا اور اپنے والدین کو اسی شہر کی مٹی کے سپرد کیا۔جب قمر علی عباسی جامعہ عربیہ سے میٹرک پاس کر کے نکلا تو میری ملاقات ہوئی۔

اس طویل رفاقت کے دوران میں نے یہی دیکھا کہ خوش مزاج وزندہ دل قمر علی عباسی انتظامی معاملات میں سخت گیر رہا ہے لیکن کسی کے ساتھ دشمنی کا جذبہ اُس کے دل میں کبھی نہیں رہا۔انسان ہے بری باتیں بری لگتی ہیں۔جتنی جلدی روٹھ جاتا ہے اُتنی جلدی مان بھی جاتا ہے۔جن احباب کے ساتھ برسوں دانت کاٹے کی دوستی رہی ہے اللہ تعالیٰ نے ان ہی کے سلسلے میں اس کا امتحان لیا ہے۔

اردو زبان کے ایک مشہور ومعروف مزاح نگار تھے شوکت تھانوی ان کا ایک افسانہ ’’سودیشی ریل‘‘ اردو ادب میں خاصے کی چیز ہے۔شوکت تھانوی کے ایک بیٹے کا نام تھا رشید عمر تھانوی۔وہ لاہور میں عباسی سے ملا اور دونوں میں گاڑھی چھننے لگی میری کبھی رشید عمر تھانوی سے ملاقات نہیں ہوئی لیکن قمر سے ذکر اتنا سنا اور اتنی بار سنا کہ وہ مجھے بھی اپنا دوست معلوم ہونے لگا۔

ایک اور اس کا ہم عمر اور ہم شہر تھا یعنی حیدرآباد سندھ کا ساتھی، جب یہ قمر امروہوی کے نام سے لکھتا تھا تو وہ کوکب عتیق کے نام سے۔دونوں نے تقریباً ایک ساتھ ریڈیو کی ملازمت کی۔کوکب عتیق نے عتیق اللہ شیخ کے نام سے ریڈیو اور اسٹیج کے لیے بیشمار کامیاب اور مقبول ڈرامے لکھے، عتیق اللہ شیخ سے بھی قمر علی عباسی کی طرح میرے دیرینہ مراسم تھے، وہ ریڈیو پاکستان کی ملازمت کے

سلسلے میں زیادہ تر لاہور، راولپنڈی اور اسلام آباد میں رہا۔ ایک بار تبادلہ حیدر آباد کا بھی ہوا مگر جب میں کراچی میں تھا لیکن ۱۹۹۹ء میں تقریباً دو مہینے میں نے اسلام آباد میں گزارے اُن تمام دنوں میں ہر روز اُس کے ساتھ اور مشہور شاعر ناصر زیدی کے ساتھ ملاقات رہی۔

ریڈیو کی ملازمت کے دوران ہی قمر علی عباسی کی دوستی ایک نہایت سُریلے گلوکار سے ہوئی جس نے بے حد مقبول گانے ریڈیو، ٹی وی اور فلموں کے لئے بھی گائے۔ مجیب عالم۔۔۔ مجیب کے ساتھ بھی قمر عباسی کے آفس میں اکثر ملنا رہا۔ ریڈیو ہی کے دو اور ساتھی گل حسن پٹھان اور اسلم بلوچ تھے۔۔۔ یہ سب کے سب قمر عباسی کے بہت قریب رہے اور ایک ایک کر کے آنکھ سے اوجھل ہوتے گئے۔ قمر اپنے دوستوں کی دائمی جدائی کو بھی رضائے دوست سمجھ کر قبول کرتا رہا۔ ممکن ہے چھپ کے رویا بھی ہو، دراصل یہ تو رونے والوں کے آنسو پوچھنے اور گلے لگا کر غم غلط کرنے کی ہر ممکن کوشش کرنے والا ساتھی ہے۔

یہاں کینیڈا میں ایک مرتبہ ٹیلی ویژن پر سکھوں کے عقیدے کے بارے میں ایک ڈاکومنٹری دکھائی جارہی تھی۔ ایک گورا (شاید امریکی) ایک سکھ نوجوان کے ساتھ گردوارہ دیکھنے جاتا ہے سکھ اُس کو سارے آداب بتاتا ہے کہ یہاں ہاتھ منہ صاف کرو، اب سر پر رومال باندھ لو اب جوتے اتارو، اب گھٹنوں کے بل بیٹھ جاؤ اور اب متھا ٹیکو۔۔۔

تو ساری بات متھا ٹیکنے کی ہے۔۔۔ زندگی گزارنے کے لیے کوئی نہ کوئی ایسا در چاہیے جہاں آدمی ہاتھ باندھ کر متھا ٹیک دے۔ یہ نکتہ اپنی تمام تر حقیقت کے ساتھ قمر علی عباسی نے سمجھ لیا ہے۔ چنانچہ اپنے ہر دن کا آغاز اللہ کے نام سے کرتا ہے۔۔۔ اسی حوالے سے مجھے ایک پرانی بات یاد آ گئی۔

ایک مرتبہ دسمبر کی آخری شام کو میں اپنے بیوی بچوں کے ساتھ اس کے گھر بیٹھا تھا جب اٹھنا چاہا۔۔۔ روک لیا۔۔۔ رات کا کھانا کھاتے وقت پروگرام بنا کہ نئے سال کا استقبال دیکھنے کے لیے کراچی کے ساحلی علاقے کلفٹن جایا جائے جہاں بیحد رونق ہوتی ہے۔ اس درمیان قمر کے اشارے پر ایک ایک کر کے اُس کے بیوی بچے اُٹھتے اور پھر آ کر بیٹھ جاتے۔ ادھر نئے سال کی آمد پر سائرن بجا اُدھر سب ایک ساتھ اٹھے۔ قمر نے مجھ سے کہا میں ہر نئے سال کا استقبال دو رکعت شکرانے سے کرتا ہوں، آیئے۔۔۔

دیکھئے انسانوں سے تعلق نبھانے والا۔۔۔ بڑے اور بااثر لوگوں کو ''فائیو اسٹار'' ہوٹل میں اپنی کتابوں کی تقریبات میں مدعو کرنے والا عباسی اپنے خالق سے بھی اپنی ''پی آر'' رکھنا نہیں بھولتا۔

ایک بات اور یاد آ گئی۔

۸۰-۱۹۷۹ء کی بات ہے۔ کراچی کے ترقیاتی ادارے (K.D.A) نے ایک نئی اسکیم ''گلستان جوہر'' کا اعلان کیا۔ اُس میں شاعروں ادیبوں اور فنکاروں کے لیے بھی ایک مختصر قطعۂ زمین مخصوص کر دیا۔ بہت سے لوگوں نے الاٹ منٹ کے لیے فارم بھرے۔ جہاں تک مجھے یاد ہے چار سو گز کے پلاٹ کی قیمت اسی (۸۰) ہزار روپے تھی، درخواست کے ساتھ پچیس فیصد قیمت ادا کرنا تھی، الاٹ ہونے کے بعد باقی پچھتر فیصد تین مساوی قسطوں میں ادا کی جانی تھی۔

قمر علی عباسی نے بھی اپنے اور اپنی بیوی کے نام سے فارم بھر دیئے۔

بھٹو صاحب کے دورِ حکومت میں جیب مشرقِ وسطیٰ کے علاوہ دیگر ممالک میں بھی پاکستانیوں کے لیے ملازمت کے دروازے کھل گئے تھے تو زرِ مبادلہ کثرت سے آنے لگا تھا۔ بھٹو صاحب کے بعد جنرل ضیاء کے زمانے میں روس نے افغانستان پر چڑھائی کر دی تو امریکی امداد میں اضافہ ہو گیا تھا۔ اسی زمانے میں یہ کہا جانے لگا کہ آج کل پاکستان میں زمین اور کمین کی قیمت بڑھ گئی ہے تو کے ڈی اے کی طرف سے الاٹ کئے جانے والی زمین کم از کم دوگنی قیمت میں بک جاتی تھی اسی لئے اسی (۸۰) گز سے لے کر ہزار گز کے پلاٹ کے لیے وہ لوگ قرض لے کر درخواست دے دیا کرتے تھے جن کی حیثیت نہیں بھی ہوتی تھی۔ یہ بھی ایک طرح کی لاٹری تھی۔ کھل گئی تو سبحان اللہ۔۔۔ درخواست نامنظور ہونے پر اصل رقم تو مل ہی جاتی تھی۔ اب اتفاق دیکھئے عباسی کی دونوں درخواستیں منظور ہو گئیں۔ دوست مبارکباد کے ساتھ مٹھائی کا مطالبہ کرتے۔۔۔ عباسی کہتا۔۔۔ بیشک مٹھائی کھاؤ مگر دوستو میرے پاس دو پلاٹوں کی قیمت جمع کرانے کے لیے رقم نہیں ہے۔

آخر دوستو کے سمجھانے کے باوجود کہ ایک پلاٹ بیچ کے دوسرے پر مکان بنالو۔۔۔ اُس نے دوسرا پلاٹ کے ڈی اے کو واپس کر دیا۔ خدا نے اس کا اجر ایسے دیا کہ باقی رہ جانے والا پلاٹ اتنی ہی قیمت میں فروخت ہو گیا کہ کلفٹن کے علاقے میں بننے والی ایک کثیر المنزلہ عمارت میں ایک فلیٹ بک کرا لیا۔ وقت پر قسطیں ادا ہوتی رہیں۔۔۔ میں بارہا اُس فلیٹ کو دیکھنے عباسی کے ساتھ گیا تھا۔ ایک دن اُس بلڈنگ کے پروموٹر نے دوگنی قیمت ادا کر کے وہ فلیٹ لے لیا۔

اکثر قمر کی باتیں سنتے ہوئے اُس کے بہت سے اعمال دیکھتے ہوئے جی چاہتا ہے کہ میں بھی اُس جیسا ہو جاؤں مگر یہ ممکن کیسے ہو؟ ہر آدمی تو بس ویسا ہی ہوتا ہے جیسی اُس کی سرشت بنادی جاتی ہے، سب ایک جیسے ہوتے تو پھر جنگل کے جانوروں کا ریوڑ ہر طرف دکھائی دیتا۔ انسان نظر ہی نہیں آتے۔ انسان تو پروردگار کی وہ خاص مخلوق ہے جس کو بنانے والے نے بھی ''احسن تقویم'' کے خاص اور حسین لقب سے نوازا ہے۔ اس وقت مجھے حضرت صبا اکبر آبادی کا ایک شعر یاد آ رہا ہے جو میں عباسی کو بھی کئی مرتبہ سنا چکا ہوں۔

اپنے بنانے والے کی تعریف کیا کروں
سر تا قدم کمال کا اُس کے قصیدہ ہوں

قمر علی عباسی کی اتنی باتیں میرے دل میں بسی ہوئی ہیں کہ ان کے بیان کے لیے ایک دفتر بھی ناکافی ہے۔

قمر عباسی کو میرے دل نے دو مرتبہ دعائیں دی ہیں۔
ایک مرتبہ ۱۹۹۱ء کے اکتوبر کی آخری تاریخ کو۔۔۔

عباسی کی ایک عادت یہ ہے کہ وہ سحر خیز ہے۔ اپنے کالم اور سفرنامے بھی علی الصبح لکھتا ہے۔ جب تک ملازمت پر تھا سب سے پہلے ریڈیو اسٹیشن پہنچنے والوں میں شامل تھا۔ دفتر کے لوگوں پر بھی وقت پر آنے کی پابندی عائد کر دی تھی۔ اور اوقاتِ کار ختم ہونے کے بعد پھر نہیں ٹھہرتا تھا۔ گھر پہنچا اور گھنٹے دو گھنٹے کی نیند لے لی، شام کو پھر چاق و چوبند یعنی دوپہر کی نیند وہ کسی قیمت پر قربان نہیں کرتا تھا۔ نیند قربان کر کے وہ اپنے افسرانِ اعلیٰ تک کو لینے یا چھوڑنے کے لیے ائیر پورٹ تک نہیں جاتا تھا اور اس بات سے تمام ہی لوگ واقف تھے۔

میں نے اکتوبر کی تیسویں تاریخ کی رات کو اسلام آباد سے فون کر کے اطلاع دی کہ میں دوسرے دن دوپہر کو اپنے والد کے جسدِ خاکی کو لے کر کراچی پہنچ رہا ہوں، میرے بھائی تاجدار عادل اور بیٹے جنید بختیار کو بتا دو شاید وہ لوگوں کو اطلاع دینے میں مصروف ہیں اور مجھے اُن کے فون نمبر نہیں مل رہے ہیں۔

اسلام آباد سے فلائٹ کراچی دوپہر ساڑھے تین بجے پہنچی۔ قمر علی عباسی ائیر پورٹ پر موجود تھا۔ اسے دیکھ کر میرے دل کو جو ڈھارس ہوئی میں اُسے ڈھارس نہیں اپنے دل کی دعا سمجھتا ہوں۔

دوسری مرتبہ پھر میرے دل نے عباسی کے لیے دعا کی۔
۵/اپریل ۲۰۰۳ء کی دوپہر کو نیویارک سے بھابھی نیلوفر نے ٹورنٹو مجھے ٹیلی فون کیا اور بتایا کہ تین دن پہلے قمر کی اوپن ہارٹ سرجری ہوئی ہے ابھی آئی سی یو میں ہیں، سلطان بھائی آپ صحت کے لیے دعا کیجیے، یہ سن کر۔۔۔ میری جو کیفیت ہوئی وہ بیان کرنے کی ضرورت نہیں۔

قمر علی عباسی کے ساتھ جو خوبصورت الفاظ کے ساتھ اس طرح کھیلتا ہے کہ پڑھنے والوں کے دل خوش ہوتے ہیں اور الفاظ کی عصمت و حرمت بھی قائم رہتی ہے۔ مجھے اپنی محبت کے اظہار کی کوئی نہ کوئی صورت تو نکالنی ہی پڑے گی۔ اظہار بھی ضروری ہے ورنہ لوگ عبادت کیوں کرتے۔۔۔

# ''شام تجھے سلام''

## مامون ایمن

(نیویارک)

یہ باتیں من چلوں کی ہیں کہ وہ حروف سے، لفظوں سے اور متون سے کھیلتے ہیں۔ دنیا سے بے خبر ہو کر، خود سے بے خبر ہو کر، اِدھر سے بے خبر ہو کر، اُدھر سے بے خبر ہو کر۔ اس بے خبری کی تہہ داری سے آشنا دِل اپنے دماغ کو باور کراتا رہتا ہے۔ ''میں باخبر ہوں''۔

قمر علی عباسی کے نئے سفرنامہ ''شام تجھے سلام'' کی بے خبری میں خبر کے رنگ دار چھینٹے ہیں۔ اس میں سحر آمیز خوش بوئیں، آئینہ نما چہرے اور تعاقب کرنے والی سایہ اور دھوپ بن کر ساتھ چلنے والی آوازیں ہیں۔ بہ الفاظِ دیگر یوں کہیے کہ اس سفرنامہ میں خوش بوؤں، چہروں اور آوازوں کا چرچا ہے۔ یہ چرچا ماضی سے مربوط ہے، حال سے منسوب ہے اور مستقبل کا مطلوب ہے۔ یعنی وہی ''کل، آج، کل'' بات۔ لمحات، خوابوں اور آرزوؤں کا ایک دائرہ جو کسی رستہ، سراب، موڑ یا منزل کے خیال اور نشان سے ایک خواب زاد رشتہ استوار کرنے کے بعد، ہر مسافر کو ایک مسلسل سفر میں گرفتار رکھنے کا ہنر سکھاتا ہے اور گُر بتاتا ہے۔ اس سفرنامہ میں مسافر کا سفر کم، وقت کا سفر زیادہ نظر آتا ہے۔ اس روش کے لیے زبان اور بیان کو اختراعی وجوہ ٹھہرایا جا سکتا ہے۔ زبان اور بیان دو الگ الگ کنارے نہیں، بلکہ یک جان سائے ہیں جن کی ہم راہی میں فنا ہو جانے والا جسم، خود کو اور زمانہ کو ساتھ لے کر چلتا نظر آتا ہے۔ ''یک جان'' نامی یہ شوخ، چنچل، دل رُبا، اٹھکھیلیاں کرتی، جادوئی ادا قاری کو اسلوب کے محل لے جاتی ہے۔ اس ادا کی آہٹ پر محل کے بام و در جاگ جاتے ہیں، دریچے کروٹیں لیتے ہیں اور تازہ ہوا کے آوارہ جھونکے اپنے اپنے وجود کے ثبوت فراہم کرتے ہیں۔ ان میں سے ہر جھونکا ایک رستہ، ایک گلی ہے، ایک ریستوان ہے، ایک چہرہ ہے، ایک صدا ہے۔ ہر جھونکا خواب ہونے کے باوجود ایک حقیقت ہے۔ وہ خواب جو بند افسانوں کو کھلے سچ کی دید اور تائید کی دعوت یوں دیتے ہیں کہ خفی تردید بھی بیان کی دیوار پر آرام کرتے سایہ کا چہرہ دھوپ کی طرح روشن کر دے۔

''شام تجھے سلام'' میں سایہ کا چہرہ بھی روشن ہے۔ کیوں؟ اس سفرنامہ میں شام کی اُداسی نہیں، صبح کی شگفتگی ہے۔ جواز؟ جس شام کو سلام کا مژدہ مل جائے وہ خوشی سے دیوانی نہ ہو جائے گی کیا؟ مسافر نے حروف ابجد کی مروجہ ترتیب بدل کر، صوتی غنائیت کا ایک خوش گوار ماحول فراہم کیا ہے۔ حرف ''شین'' کو حرف ''سین'' پر مقدم رکھتے ہوئے اس نے حرف ''میم'' کی تکرار سے فہم کے گنبد میں ایک بار، نہایت معصومیت کے ساتھ، ایک نغمہ گو آواز کا بادل اُچھال دیا ہے جو تکرار کی فطرت پا کر آنکھوں میں ازل سے بسے ریگ زاروں پر وجدان کی بارش کرنے کے لیے ہمہ وقت تیار، مستعد اور کوشاں ہیں۔ اس بادل کی زندگی میں بے قراری کا ایک رقص ہے۔ اس رقص کی دید میں ایک انجانا سا قرار ہے۔ اس قرار کا تعلق اس دنیا سے بھی ہے اور اُس دنیا سے بھی۔ شاید نہیں، یقیناً۔ الفاظ کی چادریں اوڑھے متون اور پیغامات برہنہ بھی ہیں اور برملا بھی۔ ان چادروں میں حقیقت اور صاف گوئی کی علامتیں بھی ہیں، دلیلیں بھی ہیں، تاویلیں بھی ہیں، آراء بھی ہیں اور تاثرات بھی ہیں۔ یہ بات قمر علی عباسی وثوق کے ساتھ دہراتا ہے۔ ''وقت کے پر ہوتے ہیں۔ وہ بے آواز اُڑتا ہے/ دیکھتے ہی دیکھتے صدیاں گذر جاتی ہیں''۔ اور یہ باتیں بھی اُس کے لبوں کی رہین ہیں۔ ''امید کی کوئل کوکتی ہے/ دنیا انتظار میں ہے/ آنکھوں سے دجلہ اور فرات بہتے ہیں/ فرد بیماری کا بہانہ کر کے ہسپتال جاتا ہے، نرسیں دیکھنے کے لیے/ فرد کے لیے چھتیس سال کی عمر، چاند چھونے، پھول پینے اور خواب دیکھنے کی عمر ہے/ شیش کباب کا ایک اور نام بھی ہے، موٹا چمڑا/ چپاتی میں بھی نمک زیادہ ہو سکتا ہے''۔ اور یہ بات بھی کراچی سے نیویارک آ کر بس جانے والا، گندمی رنگت رکھنے والا، کعبہ کو اپنی دھڑکنوں کا مرکز کہنے والا، ایک اُمّی کو سب جہانوں اور زمانوں کا مدرّس و رہبر جاننے اور رب کی ذات بغیر دیکھے ماننے والا قمر علی عباسی ہی اس کرب کے ساتھ کہہ سکتا ہے۔ ''ہندوستان میں مسلمان تھے، پاکستان میں مہاجر تھے''۔

یہ بھی ممکن ہے کہ وہ اپنے آئندہ سفرنامہ میں یہ بھی اعلان کرے ''قمر علی عباسی نامی ایک بدیسی، نیویارک کے اجنبی ہجوم میں ایک ''دیسی'' ہے۔ تنہا دیسی۔ وہ دیسی جو دیدہ و دل کے جواہر سے مالا مال ہونے کے باوجود، اپنی ذات میں پنہاں شخصیت کے چہرہ سے آشنائی کے لیے تا دمِ نزع کوشاں رہے گا۔ یہ تگ و دو علاقائی نہیں، عالمی ہے۔ یہ ایک الگ بات ہے کہ اس تگ و دو کا احساس انسان کو ہجرتوں کے دوش پر اُڑ اُڑ کر اب شدید ہوا ہے۔ ملک شام کے باسیوں کو بھی شاید اس حقیقت کا احساس ہو کہ وہ بھی اپنے گھروں میں، غیر ملکی، نو آبادی نظام کے لمحات اور استبدانہ اصولوں سے معمور زنداں میں، زندانی رہ چکے ہیں۔ اس جملہ میں لفظ ''شاید'' کا استعمال دانستہ ہے کہ وقت کی فضا میں اُڑ کر فرد ہوا کے دوش کے سہارے کو بھی اپنے مقدر ہی کا ایک خوش گوار حصہ سمجھ کر، ذہنوں پر پڑی زنجیروں کی جھنک نہ سننے کی عادت اپنا لیتا ہے۔ اس سفرنامہ میں اُس عادت کی ایک غیر شعوری نشان دہی بھی ہے۔ یہ نشان دہی یک جہت نہیں، ہمہ جہت ہے کہ اس کا وجود علاقوں اور حدود سے ماوراء ہے۔

بنیادی طور پر، طرز نگارش کی چار اقسام ہیں۔ بیانیہ، دورانیہ، ترغیبانہ اور تنقیدانہ۔ ان اقسام کی وضاحتوں میں جائے بغیر، اس بات کا اعلان

بہ آسانی کیا جاسکتا ہے کہ اس قلم کار نے یہ چاروں اقسام ہی نہایت خوش اسلوبی کے ساتھ اس سفر کے جھومروں اور جھالروں میں ٹانک دی ہیں۔ قاری ان جھومروں اور جھالروں کی آوازوں سے آواز ملا کر خود کو اپنی ذات کا ہم نوا بھی بنا سکتا ہے۔

قمر علی عباسی کے اسلوب میں جزئیات کو بنیادی درجہ حاصل ہے، مثلاً ''پتلی گلی، چند کمرے، رات، کپڑے، جوتے، کھمبا، بازار، دکانیں، ٹریفک، ڈالر، شیشے، میزیں، تھال، میز پوش، چوراہا، سڑک، راہ داری، باغ، پھل، قالین، دروازے، کرسیاں، کھڑکیاں'' ان الفاظ کو ایک اور نام سے بھی پکارا جاسکتا ہے دریچہ۔۔۔ دل و نظر کا دریچہ۔ وہ آلتی پالتی مار کر اپنے ہی ڈھنگ سے، کوسوں دُور، ڈھول جھاڑی میں بسے منظروں میں نہاں دھڑکنیں شمار کرتا ہے۔ ان دھڑکنوں میں ''کاجل بھری آنکھیں، غزال، لہراتے بال، چاند چہرے'' رقصاں ہیں۔ اس رقص میں جسموں کا تغیر ہے، اذہان کا تبدّل ہے اور تیزی سے بنتے، بگڑتے ماحول کا تمدّن۔

قمر علی عباسی ''گرفتارِ ویزا'' ہے جو ''معجزہ، مدد، کرامت، دعا'' سے ''قبولیت'' کا طالب نظر آتا ہے۔ قبولیت سے متعلق طلب کی شعوری اور غیر شعوری، دانستہ اور نادانستہ کاوشات کے آئینہ میں اس کا عکس واضح طور پر نظر آتا ہے۔ ''وہ تعال ہے۔/ غیروں سے مایوس ہو کر، وہ اپنی تلاش میں نکلتا ہے/ وہ عربی زبان سے ناواقف ہونے باعث، ایک محتاط انداز میں اشاروں اور کنایوں سے مافی الضمیر ادا کرنے کی سعی کرتا ہے/ وہ انگریزی زبان کا ایک لفظ ہی سُن کر خوش ہو جاتا ہے/ وہ کسی لڑکی کو بھاری بوجھ اُٹھاتا دیکھ کر مدد کر لیے تیار ہو جاتا ہے/ وہ اللہ سے ویزا کی دعا مانگتا ہے/ وہ بعض اوقات دھڑکتے دل سے قدم آگے بڑھاتا ہے/ وہ کسی بیوہ کا سہارا بننے کے لیے نکاح ایسے نیک کام کے لیے تیار نہیں/ وہ لوگوں کی ہنسی میں کوئل کی کوک سنتا ہے/ اُسے سیاہ رنگ کا قہوہ ناپسند ہے/ وہ بزرگوں کے سامنے ادب سے کھڑا ہوتا ہے/ وہ اگلی منزل کی جانب روانگی کے وقت سکون سے آنکھیں بند کر لیتا ہے۔'' وغیرہ وغیرہ

''شام تجھے سلام'' میں دل اور دیدے کے ساتھ وا نظر آتے ہیں۔ مناظر، ماحول، تہذیب، ثقافت، تاریخ اور خود آگاہی کے لیے احتسابِ جہاں اور احتسابِ ذات کے لیے۔ ان احتسابوں میں، دہانہ پر پہنچ کر، تحریر کا دریا بچھڑ جانے والی موجوں کو وصل کی دعوت دیتا نظر آتا ہے۔ ان میں سے چند موجوں کو حیرت، حسرت، عبرت اور عزلت سے بھی موسوم کیا جاسکتا ہے۔ دوسری جانب چند دیگر موجوں کو عقیدت، محبت، قربت اور دولت کے ناموں سے بھی یاد کیا جا سکتا ہے۔ انحراف، اتفاق/ آزادی، غلامی/ شعیہ، سُنّی/ عرب، عجم/ موت، زندگی/ ادھوری، پوری/ حلال، حرام/ قدیم، جدید/ ممکن، ناممکن/ دُور، قریب'' کے پرتو بھی انہی موجوں کی انگلی تھامے، خوابِ خرام میں، کسی انجانی، بے سمت منزل کے خواہاں ہیں۔

اب ایک دو سخن گسترانہ باتیں۔۔۔ صلاح الدین زنگی کو ہر بار ''زنگی'' ہی کہیے۔ اُسے ''زندگی'' کے ایک نئے نام سے نہ ''کمپوز'' کیجیے/ لفظ ''پتا'' کا آخری حرف ہائے ہوز نہیں، الف ہے/ لفظ ''دین'' کی جمع ''ادیان'' لکھیے/ نیز، جب جمع کا صیغہ مطلوب ہو، لفظ ''ڈالر'' کو ''ڈالرز'' ہی لکھیے، جیسے ''ایک روپیہ'' اور ''دو روپے''۔

اور ہاں، اس سفرنامہ کا نام اگر ''شام تجھے سلام'' کے بجائے ''شام تجھے سلام ہے'' ہوتا تو یہ نام ایک با قاعدہ موزوں مصرع میں ڈھل جاتا یعنی:

ش م ت جھے س لا م ہے
مُف ت ع لُن مَ فا ع لُن

(بحر رجز مُربع مُطوی مخبون)

اب ایک مودّبانہ درخواست۔۔۔ محرّرِ سفرنامہ نثر میں شاعری کریں، بلکہ نثر میں ساحری کریں لیکن کسی شعر سے اپنی نثر کا رُخ نہ سجائیں۔ اس سفرنامہ میں صرف ایک شعر ہے ''میرے ہر قدم کے ساتھی/ میرے ہر نفس کی راحت''۔ یہ شعر بے وزن ہے کہ دونوں مصرعوں میں پہلا لفظ ''میرے'' استعمال ہوا ہے یعنی ''سببِ خفیف'' کے ساتھ۔ اسے ''سببِ ثقیل'' کی صورت میں ہونا چاہیے۔ اس طرح یہ شعر وزن میں یوں ہوگا ''مرے ہر قدم کے ساتھی/ مرے ہر نفس کی راحت''۔ اس شعر کی تقطیع یوں ہوگی۔ فَ ع لا ت، فاع لاتُن/ فَ ع لا ت، فاع لاتُن (بحرِ رَمل مُربّع مشکول سالم)

قمر علی عباسی! ''شام تجھے سلام'' کی تحریر سے ہمارا ذوقِ ادب سجانے پر مبارک باد قبول کیجیے۔

○

''ہم نفس، ہم قدم'' والے مصرعوں کے ضمن میں، چند مَن چلوں نے یہ خبر اُڑائی ہے۔ ''قمر علی عباسی اور مامون ایمن کے درمیان ''مُک مُکا'' ہو گیا ہے''۔ ثبوت؟ قمر نے اپنے نئے سفرنامے کا نام ''لنکا ڈھائے'' رکھا ہے۔ ان لفظوں سے ''فَع لُن، فَع لُن'' کے وزن پر ایک مصرع موزوں ہوتا ہے۔ یہ مصرع بھی بحرِ متقارب ہی میں ہے لیکن چار رُکنی صورت میں۔ سو اب دونوں ہی کے چہروں پر جیت کا رقص نمایاں ہے۔ قمر نے ایمن کو اور ایمن نے قمر کو خوش کیا ہے۔ اُس خوشی کا اظہار اس غیر مقفّٰہ نظم میں اعتراف کے ساتھ اپنا رنگ جماتا نظر آتا ہے۔

(لنکا ڈھائے سے منتخبہ)

# ''گلاب کی سرخ کلی''

محمود شام
(کراچی)

خواتین وحضرات!

''آؤ برطانیہ چلیں'' کی افتتاحی تقریب میں قمر علی عباسی صاحب کی ہم سفری کا قرض چکانے کے لیے شرکت کرنا پڑی تھی۔اس سفرنامے کو پڑھ کر بات کرنے کی ضرورت اس لیے نہیں پڑی تھی کہ یہ سارا دوران سفر ہم سنتے رہے تھے۔ جتنی کہنے سننے کی باتیں تھیں۔ یہ برطانیہ کی مختلف وادیوں میں اور جہازوں میں کر چکے تھے۔ ان میں اچھی بات یہ ہے کہ جو کہنا ہے منہ پر کہہ ڈالتے ہیں ہم تو خیر (برطانیہ میں خزاں) اس سے پہلے ہی لکھ چکے تھے۔ کوئی اگر اور سفر نامہ نگار ہو تو وہ ان کی دن بھر کی باتوں کو ساتھ کے ساتھ لکھتا رہے۔ تو ان سے پہلے سفر نامہ مارکیٹ میں لاسکتا ہے۔ انہیں بھی شاید اس بات کا احساس ہے۔ اس لیے یہ اگلے سفر سے پہلے ہی سفر نامہ چھپوا بھی لیتے ہیں۔ اس کی تقریب بھی منعقد کر ڈالتے ہیں۔

لیکن ایک بار چلو وینس کی تقریب کے انعقاد میں کچھ نہیں کافی تاخیر ہوگئی ہے۔ وینس کا یہ سفر انہوں نے برطانیہ کے سفر کے ساتھ ہی کیا تھا۔ یہ ہمیں گلاسکو میں خالد عزیز اور ایک عفیفہ کے رحم وکرم پر چھوڑ کر اٹلی چلے گئے۔ ایک ٹکٹ میں دو مزے لے لیے۔ ایک سفر کے دو سفر نامے لکھ ڈالے برطانیہ سے راہ فرار کے اسباب پر اگر بات کی جائے تو اس عفیفہ کے علاوہ کوئی اور سبب دکھائی نہیں دیتا۔ میرے خیال میں یہ حق بجانب بھی تھے کہ یہ اسلام آباد ائیر پورٹ سے ہی اس ہم سفر خاتون سے بیزار ہوگئے تھے۔ حالانکہ ان کے پورے سفرنامے پڑھ لیجیے نوجوان خواتین بھی ان کا کچھ بگاڑ نہیں سکیں۔ بے چاری بزرگ خاتون ان کو کیا صدمہ پہنچا سکتی تھی۔ لیکن اپنے آپ کو کم تر ثابت کرنے کے لیے عباسی صاحب نے اس خاتون سے بیزاری عام کا اعلان کر دیا۔ اٹلی کا سفر پہلے سے ان کی منصوبہ بندی میں نہ ہوتا۔ تو یہ شاید خالد عزیز کے کمرے کے باہر احتجاجی دھرنا مارنے کا اعلان کر دیتے۔

حال ہی میں افغانستان کے نئے وزیر اعظم حکمت یار نے اعلان کیا ہے کہ کابل کے سینماؤں میں صرف اسلامی فلمیں چل سکیں گی۔ کسی زمانے میں پاکستان سے مسلمان انڈین فلمیں دیکھنے کشاں کشاں کابل جایا کرتے تھے، اب گھر گھر انڈین فلمیں ڑی ای ایل جین وغیرہ وغیرہ کے توسط سے چل رہی ہیں۔ اس لیے مسلمان حسب توفیق یہیں مادھوری اور تبو کو دیکھ کر اللہ کا شکر بجالاتے ہیں۔ کابل والے اب کس کے لیے انڈین فلمیں چلائیں اسلامی فلمیں بنی ہی نہیں چلیں گی کیسے طالبان نے فوراً اعلان کر دیا کہ فلم اسلامی یا غیر اسلامی نہیں ہوتی اسلام میں فلم کی گنجائش ہی نہیں ہے۔ حکمت یار جن اسلامی فلموں کی بات کر رہے ہیں ان کے اسکرپٹ کے لیے انہیں قمر علی عباسی سے بات کرنی چاہیے۔ کیونکہ ان کے سفرنامے خالصتاً اسلامی سفرنامے ہوتے ہیں۔ غیر محرم عورتوں سے ہمیشہ دور رہتے ہیں۔ اگر انہوں نے اپنے چہرے پر پردہ نہیں ڈالا ہے تو یہ خود اپنی آنکھوں یا عقل پر پردہ ڈال لیتے ہیں۔ یہ عین ممکن ہے کہ ایسا یہ اپنے ہر سفر کی منزل اور ہر سفر کی ساتھی کے ڈر سے کرتے ہوں۔ لیکن محققین یہی کہتے ہیں کہ یہ ایسا اسلامی تعلیمات کے سبب کرتے ہیں۔ ایک زمانے میں کراچی یونیورسٹی میں بھی طلبہ وطالبات کے درمیان کم از کم تین فٹ فاصلے کی شرط رکھی گئی تھی۔ ممکن ہے عباسی صاحب نے اس زمانے میں گریجویشن کی ہو۔ یہ تین فٹ کا فاصلہ انہیں ہر ملک میں پارسائی اختیار کرنے پر مجبور رکھتا ہے۔

ایک بار چلو وینس کی چوا۔ حنا ایلزبتھ اور جتنی بھی خواتین ہیں وہ جب اپنے اپنے ملک گئی ہوں گی تو انہوں نے یقیناً اسلامی معاشرے کی بہت تعریف کی ہوگی کہ نظریاتی اسلامی ملک پاکستان کے ایک مرد مومن ہمارے ہم سفر تھے۔ انہوں نے جتنی صالحانہ اخلاقیات کا مظاہرہ کیا اس سے احساس ہوتا ہے کہ اسلامی معاشرے کے کیا خدوخال ہوں گے۔

میں یہ سب کچھ ایک بار چلو وینس کے مطالعے کی بنیاد پر کہہ رہا ہوں۔ چوا۔ حنا۔ ایلزبتھ اپنے اپنے شہروں میں یقیناً اپنے تجربات کی بنیاد پر کہہ رہی ہوں گی۔ اگر ان کے تجزیے اور اس سفرنامے کی روداد میں اختلاف ہے تو دروغ برگردن عباسی۔

قمر علی عباسی اپنی پارسائی کو ہر سفرنامے میں ثابت تو کرتے ہیں۔ لیکن مسلط کرنے کے انداز میں نہیں بالواسطہ طور پر۔ میرے خیال میں پارسائی سے زیادہ موزوں لفظ یہاں بے گناہی رہے گا۔ کیونکہ پارسائی کے لیے بھی پہلے گناہوں کا تجربہ ضروری ہے۔ لذت گناہ حاصل کرنے کے بعد گناہ سے اجتناب زیادہ مشکل ہے۔

عباسی صاحب تک دیکھ لیا دل شاد کیا اور چل نکلے کے مصداق زمانے کے سرد وگرم، سیاہ سفید کو دیکھتے، مسکراتے گزرتے رہتے ہیں۔ کوشش کرتے ہیں کہ آپ بھی ساتھ ساتھ مسکراتے رہیں نہ قہقہے کی نوبت آنے دیتے ہیں نہ ہی رونے کی۔ رونا دھونا وطن واپسی پر ملتوی رکھتے ہیں۔ اس کا موقع یہاں بہت ملتا ہے اور وافر مقدار میں ملتا ہے پھر رونے کا مزا بھی اپنوں میں ہی ہے۔

وہ جہاں بھی جاتے ہیں اس دیس کی تاریخ ان کے ذہن میں رہتی ہے۔ ماضی کے حوالے سے وہ حال کے مشاہدے کی کوشش کرتے ہیں اور اپنے قاری کو بھی دھیمے دھیمے انداز میں تاریخی پس منظر سے آگاہ کرتے چلے جاتے ہیں۔ جہاں ضرورت ہو وہاں تفصیلات اور جزئیات بیان کرنے میں بخل سے کام نہیں لیتے۔ لیکن غیر ضروری طور پر بھی تفصیلات میں نہیں جاتے اور خاص طور

پر جب ذکر اس پری وش کا ہو۔تو عباسی صاحب کا بیان ''غالب والا'' نہیں رہتا۔ ایک دم گریز کر جاتے ہیں۔

دیکھئے صفحہ 87 آخری پیراگراف

''ہمارے ساتھ سفر کرنے والی خواتین شاپنگ کر رہی تھیں۔مرد حضرات سیلزگرل کی نوک پلک دیکھ رہے تھے۔ اور ہم ان سب کے تماشائی کی''

کس قدر خوبصورتی سے انہوں نے کام کو تقسیم کیا ہے۔خواتین اور حضرات کے درمیان۔اور خود بالکل الگ تھلگ کھڑے ہوگئے ہیں۔

لیکن کہیں کہیں کمال کی علامت نگاری ہے۔ملاحظہ کیجیے:

''واپس آئے تو ایک خوبصورت مکان کی منڈیر سے گلاب کی ایک سرخ کلی ہوا سے کھیل رہی تھی۔ہمارا راستہ روکنے لگی۔چند لمحے ہم اسے دیکھتے رہے وہ مسکرانے لگی اور ہم نے ہاتھ بڑھا کر اسے توڑ لیا وہ اور کھل گئی''

ہم شاعر لوگ ہیں استعاروں اور تشبیہوں سے کھیلتے ہیں۔لیکن یہاں قمر علی عباسی کھیلنے میں شاعروں کو بھی مات دے گئے ہیں۔آپ اس عبارت کو اگر ڈرامائی تشکیل دیں گے تو گلاب کی سرخ کلی کا کردار کون ادا کرے گا۔ توڑنے اور کھلنے کا منظر کیسے پیش کیا جائے گا۔

اس منظر کی فلمبندی اسلامی اور غیر اسلامی دونوں طریقوں سے ہو سکتی ہے۔صرف علامات تک رہیں تو کابل اور لاہور کے سینما میں دکھائی جاسکتی ہے۔اگر حقائق تک جائیں تو یہ فلم روم،لندن حتیٰ کہ کوپن ہیگن کے سینماؤں میں بھی دکھائی جاسکتی ہے۔بہر حال سنسر سے ایک جگہ کچھ چوک ہوگئی ہے۔صفحہ 123 اور 124 پر ڈانس کا سین چل گیا ہے۔حیرت ہوتی ہے کہ مصنف میں اتنی ہمت کیسے آگئی۔آپ پوچھیں گے کس چیز کی ''ڈانس کی''نہیں صاحب ڈانس تو وطن سے باہر پاکستانی کرہی لیتے ہیں لیکن اس سین کو بعینہٖ بیان کردینے کی۔ایک ایک تفصیل بیان کی گئی ہے خاتون کے الٹے ہاتھ سے ان کی ہتھیلی پکڑنے سے لے کر ڈریئے مت نزدیک ہوجایئے تک کے مکالمے۔

اللہ کرے زور قلم اور زیادہ۔

''ایک بار چلو وینس'' کو اپنے اسلوب اور زبان کے حوالے سے میں نے ان کے دوسرے سفرناموں سے زیادہ دلچسپ اور پر تاثیر پایا ہے،اس میں صرف روم کے مناظر کا ہی نہیں ان کی اپنی تحریر کا بھی کمال ہے۔پھر وہاں ان کے ساتھ کوئی پاکستانی نہیں تھا۔اس لیے انہیں فرشتوں کے لکھے پر ناحق پکڑے جانے کا کوئی خدشہ نہیں تھا۔انہوں نے کھل کر دیکھا اور کھل کر لکھا۔کتاب کے نام سے لے کر الوداعی کلمات تک ایسے نغمگی موج تہ نشیں کی طرح رواں رہتی ہے۔ میری دعا ہے کہ قمر علی عباسی وینس جیسے اور دو چار خوبصورت مقامات آہ و فغاں پر ہو آئیں تو اردو کو دو چار اور یادگار سفرنامے مل جائیں گے۔

# ''دلّی دُور ہے''

## اکرام بریلوی

(کناڈا)

فوجی مطلق العنان بادشاہت سے بیزار ہو کر دو سال پہلے ریٹائرمنٹ لے لی تھی اور کناڈا جیسے جمہوری اور بین الثقافتی ملک میں جانے کے لیے پر تول رہا تھا۔ وطن کو خیر باد کہنے سے پہلے احباب و انصار سے ملنا ملانا ضروری تھا۔ ایک دن ویلکم بک پورٹ کے قمر زیدی صاحب سے ملنے پہنچا تو ایک نوجوان سے ملاقات کا موقع مل گیا۔ قمر زیدی نے متعارف کراتے ہوئے کہا

''آپ قمر علی عباسی ہیں۔ ریڈیو پاکستان میں اعلیٰ منصب پر فائز ہیں''

باتوں کا سلسلہ شروع ہوا تو معلوم ہوا کہ موصوف ''لندن پلٹ'' ہیں اور اور سیر و سیاحت کے بعد وطن واپس آئے ہیں اور لندن کا سفر نامہ لکھنے کی تیاری کر رہے ہیں۔ قمر علی عباسی صاحب جیسے بھرے بیٹھے تھے رواں ہوئے تو مجھے اور قمر زیدی کو بولنے کا موقع ہی نہیں دیا۔ بس فراٹے بھرتے رہے۔ قمر زیدی دوست نواز اور کھرے کاروباری شخص ہیں۔ ویسے ہم بھی دلکشار کھتے ہیں اور لب کشائی سے حد درجہ گریز کرتے ہیں کہ بھرم قائم رہے۔ ملاقات کے اس خوشگوار و یادگار حادثے کو ایک مدّت گزر گئی۔ نام تو نام، یاد یار گرم گفتاری بھی ماند پڑ گئی۔ پھر یوں ہوا کہ ہمارے ایک بہت ہی عزیز دوست اور کرم فرما مشہور و معروف افسانہ نگار سلطان جمیل نسیم کناڈا آئے تو اُن کے ذریعے بھولی ہوئی ملاقات کی تجدید ہوئی۔ ان کی زبانی قمر علی عباسی سے غائبانہ ملاقات کا سلسلہ از سرِ نو شروع ہو گیا۔ یہ سلسلہ مہینوں جاری رہا کہ اچانک ٹورنٹو کی ایک عالمی اردو کانفرنس میں اُن سے دید وادید ہوئی۔ مل کر معلوم ہوا کہ موصوف کم و بیش چوبیس، پچیس سفر نامے لکھ چکے ہیں اور ہم سے چار گھنٹے کی ڈرائیو (Drive) پر دُور امریکہ کے شہر ''ٹرائے'' (Troy) میں آباد ہیں۔

یہ تمہید تو کسی طور نہیں مگر ہے بھی!

''دلّی دُور ہے'' قمر علی عباسی کا دوسرا سفر نامہ ہے اور دلّی کی طرح دلربا ہے جو بار ہا لٹی اور بار ہا لٹنے پر بھی نکھار آیا۔

آیئے تو پھر سفر نامے کی سیر پر نکلنے سے پہلے کچھ عنوان سے متعلق باتیں ہو جائیں۔

جنھیں ہنوز یہ پتہ نہیں کہ اندرپت، پانی پت، سونی پت، باغ پت اور تل پت جسے پانڈوں نے کوروں سے واپس لینے کا مطالبہ کرنے پر مہا بھارت کا رن پڑا تھا، اُن کے لیے دلّی ہمیشہ دُور رہے گی کہ ان پانچوں گاؤنوؤں کو ملا کر ہی دلّی وجود میں آئی۔ (مغل بادشاہ) بابر کے لیے ''دلّی دُور است'' اس لیے رہی کہ اُسے اپنی فوج ظفر موج کے ساتھ اٹک کے دشوار گذار اور تیز رفتار دریا کو عبور کر کے دلّی آنا پڑا اور دلّی آتے ہوئے کئی رزم گاہوں سے گذرنا پڑا۔ انگریز بہادر بنگال سے سرزمین ہند میں داخل ہوئے جس کی پاداش میں اُنھیں دلّی پہنچتے پہنچتے ڈیڑھ سو سال لگے۔ ہمیں دلّی اس لیے عزیز ہے کہ یہ میرؔ و غالبؔ کا وطن رہا اور بقول میر تقی میرؔ جس شہرِ دلستاں کے گلی کوچے اوراق مصوّر تھے اور جہاں درویشوں کے درویش حضرت نظام الدین جیسے اولیائے عظام کی دلنواز درگاہ ہے۔۔۔ جہاں حضرت امیر خسروؔ کے گیتوں کی سدا بہار گونج آج بھی سنائی دیتی ہے اور ہمیں یہ جنت فراواں اس لیے بھی عزیز ہے کہ یہاں غالبؔ نام آور م آسودۂ خاک ہیں اور اس لیے بھی عزیز ہوئی کہ ہم ان گلی کوچوں سے بہت بے آبرو ہو کر نکلے۔۔۔ اور ستم بالائے ستم یہ ہے کہ اتنی مدت گزر جانے پر بھی دلّی ہم سے دُور ہے کہ آج بھی ہمارے اور عالم میں انتخاب، اس شہر ستم پیشہ کے درمیان سیاست گری کی عشوہ گری کے طفیل آہنی دیواریں کھڑی ہیں۔ قمر علی عباسیؔ کے لیے اس لیے دُور ہے کہ وہ ممبئی کے راستے ہندوستان میں داخل ہوئے جو بقول شبلی نعمانی ''عروس البلاد ہے اور اپنے حسنِ دلآرا اور بازاراں ہنگامہ ہائے طرف و نشاط اور مطربیان و نغمہ نوازانِ سحر طراز کے سبب اپنی نرم و گرم گرفت میں قید کر لیتا ہے۔ کچھ دن کی اسیری کے بعد ہم کشاں کشاں زیدی صاحب کو یہاں سے لے کر نکلے تو ایک جلتی دوپہر دہلی پہنچے۔ دلّی کی دُوری مٹی۔ سیر و سیاحت کے مزے لوٹے۔ زیدی اپنے عزیزوں اور قرابت داروں سے ملنے ملانے لکھنؤ چلے گئے اور ہم (قمر علی عباسی) اپنے کعبۂ دل، امروہہ کے لیے عازمِ سفر ہوئے۔ امروہہ میں داخل ہونے سے پہلے کی کچھ جھلکیاں ملاحظہ ہوں:

''ٹرین چلی تو لال قلعہ آ گیا۔ اتنا نزدیک کہ ہاتھ دو تین گز بڑا ہوتا تو اسے چھو سکتے تھے۔ پھر پل آ گیا، ایک دریا پانی سے بھرا چاروں طرف کی زمین کو سبز کرتا بہہ رہا تھا۔ یہ جمنا تھی اسے عبور کیا تو دونوں طرف حدِ نظر تک سبزہ ہی سبزہ تھا۔ کھیتوں میں فصلیں لہلہا رہی تھیں، جگہ جگہ آم کے باغ تھے اُن کے درمیان جھونپڑی اس کے سامنے بیل اور اُن کی رکھوالی کرتا کُتا۔۔۔ کھیتوں کی منڈیروں کے ساتھ بہتا پانی۔ فصل کاٹتی رنگیں ساڑھیاں پہنے عورتیں۔ سرسبز کھیتوں کے کنارے کسان، پگڈنڈی پر گدھے پیچھے پیچھے تیز تیز بھاگتے بچے، بدلتے رنگ، بدلتے منظر۔۔۔ (دوسرا پارہ) آسمان صاف ہو گیا۔ گہرا نیلا آسمان، سنہری دھوپ کھیتوں کے کنارے سیاہ بل کھاتی سڑک اُس پر زرد اناس سے لدا ٹرک۔ ہم رنگ و نور کی دنیا میں سفر کر رہے تھے۔ یہ زمرد کی طرح زمین ہمیں اپنا ہرا جھنڈا نظر آئی۔ خیالوں میں ہم کسان بن گئے۔ زمین کے سینے کو چیر کے بیج بونے

لگے۔ دھانی رنگ کی بارش میں بھیگنے لگے آہستہ آہستہ شرارتی پودوں کو زمین سے باہر نکلتے دیکھنے لگے۔ پھول کھل اٹھے پات ہرے ہوگئے۔ کم کم باد و بہاراں کا ایسا سماں نظر آنے لگا کہ ایک نئی دنیا، خواب کی دنیا چاروں طرف پھیل گئی۔ خوابوں کا طلسم ٹوٹا تو غازی آباد ریلوے اسٹیشن کا پلیٹ فارم سامنے تھا۔۔۔ غازی آباد سے ٹرین چلی تو گجروالہ آیا۔ ایک زمانے میں یہاں پیڑے ملتے تھے اب اُس کی تصویریں بھی نہیں ملتیں۔

اس کے بعد ہاپڑ آیا۔۔۔ پھر ٹرین چلی اب امروہہ آنے والا تھا۔ دل دھڑک رہا تھا۔۔۔ یہ کون سا احساس ہے، یہ کون سا جذبہ ہے۔ دونوں طرف باغ تھے۔ ہمارے دل میں پھول کھل رہے تھے۔ امروہہ آ رہا ہے۔۔۔ ٹرین کو بڑی جلدی تھی۔ اچانک پلیٹ فارم آ گیا۔ بڑا سا بورڈ لگا تھا ''امروہہ'' ٹرین رک گئی۔ وقت تھم گیا۔

ایک اور چھوٹی سی جھلکی ملاحظہ ہو۔

''دونوں طرف کھیت تھے پھر بائیں طرف ایک عمارت آئی۔ رکشہ ڈرائیور نے بتایا یہ اسکول ہے۔ پھر بازار آیا اور دکانیں۔ انہیں دیکھ کر عجیب سا احساس ہوا۔ یہ سب امروہہ ہے۔ رکشہ تنگ گلیوں میں گھس گیا۔ اتنی تنگ کہ صرف ایک رکشہ گزر سکتا تھا اور اگر دوسرا رکشہ آجائے؟ سفر اس خوف میں کٹا لیکن مخالف سمت سے رکشہ نہ آیا۔ محلّہ کالی پگڑیاں آ گیا''۔

اب ایک اور تصویر دیکھیں:

''دروازہ کھل گیا۔ ایک دراز قد شفیق مہربان چہرہ ہمارے سامنے کھڑا تھا۔ طویل برسوں کی جدائی نے اُن کے چہرے پر محبت اور بڑھا دی تھی۔ بال برف کی طرح سفید ہوگئے تھے۔ انھوں نے ہمیں اپنے سینے سے لگا لیا کیسا سکون ملا۔ کیسی راحت ہوئی۔ وقت ایک لمحے کو رک گیا۔ ایک ننھا سا بچہ سڑک پر ایک شخص کی انگلی پکڑے جا رہا ہے۔ اس کے کاندھے پر سوار ہے۔ اب وہ ہاتھ بوڑھا ہوگیا ہے وہ کاندھے جھک گئے ہیں۔ احتسابِ وقت نے آتے جاتے موسموں نے سب کچھ بدل دیا ہے۔ آنکھیں ڈھل گئیں۔ دل کے کٹورے میں جو پانی بھر گیا تھا چھلک گیا۔ دروازہ کھول کر ہم ماموں کے ساتھ ایک نئی دنیا میں داخل ہوگئے۔ طلسم کی دنیا جہاں وقت سانس روکے کھڑا تھا۔ در و دیوار آنگن اُس میں لگا ہاتھ کا نل سب کچھ وہی جو ہم نے خواب میں دیکھا تھا اور اب جاگتی آنکھوں سے دیکھ رہے تھے۔

یہ سفرنامے کی تصویریں ہیں، ناول کی جھلکیاں اور تفصیلی ٹکڑے سے لگتے ہیں۔ زبان و بیان کے ساتھ اندازِ تحریر میں بلا کی جاذبیت اور جادو ہے۔ معمولی باتوں میں ڈرامائی کیفیت اور جذبوں میں کھلی کھلی چاشنی ہے۔ یہ انداز جگہ جگہ سفرنامے کی بُنت میں موجود ہے جس میں دلسوز دردمندی بھی ہے، طنز و مزاح کے نرم و گرم تیور بھی۔ کردار نگاری کے جوہر بھی ہیں اور قمر علی عباسی کا فطری پندار ہنر بھی کارفرما نظر آتا ہے۔ بیان میں سادگی و پُرکاری ہے جو ہر بڑے آرٹ کا جوہر قابل ہوتا ہے۔ مختصراً اس سفرنامے کا سب سے اہم مقصد وطن سے بے بہا پیار ہے جو نوکِ قلم سے بے اختیار بہہ نکلا ہے۔ منجملہ اور صفات کے یہ سفرنامہ، سفرناموں کے عام انداز سے ہٹ کر ادب کی حدیں چھو رہا ہے۔ فنون حرف و لفظ نگاری کا منجھا ہوا سلیقہ، افسانوی دلکشی، واقعہ نگاری، مسکراتا ہوا طنز و مزاح وہ کیا کچھ نہیں جو اس سیال سفرنامے میں ٹھاٹیں مارتا موجود نہیں۔

اس سفرنامے کی مابہ امتیاز خصوصیت اور صحت مند خوبی یہ ہے کہ قمر علی عباسی نے یادِ ماضی کو عذاب بنانے، کڑھتے رہنے اور غمناکی میں ڈبونے کے بجائے تحت الشعور کا کرشمہ اور حیرت و حسرت پر تاثیر حسیاتی نغمہ بنا کر پیش کیا ہے جو ان کی تخلیقی نفس بڑی مثبت نشاندہی کرتا ہے۔

○

''ناصر زیدی مزید بحث کرتا لیکن ہال میں سے دو تین آوازیں سنائی دیں بیٹھ جاؤ بیٹھ جاؤ اس لیے مجبوراً بیٹھ گئے۔ وہاں صرف دو سیٹیں خالی تھیں سامنے بہت بڑا اسکرین تھا جس پر خاندانی منصوبہ بندی کی پبلسٹی فلم دکھائی جا رہی تھی۔ اچانک زیدی نے ہمارے کان میں سرگوشی کی میرے برابر میں ایک بھنگن بیٹھی ہے۔ تمہیں کیسے اندازہ ہوا کیا جھاڑو دیکھی ہے ہم نے پوچھا؟ نہیں اس کے کپڑے دیکھ لو، رنگ دیکھ لو۔ تم عورتوں کا رنگ اور لباس کیوں دیکھ رہے ہو اسکرین پر دیکھو۔ پلیز میری کرسی پہ آ جاؤ یہ تصور میرے لیے تکلیف دہ ہے کہ میرے برابر میں ایک بھنگن بیٹھی ہو۔ ہم نے اپنی برابر والی کرسی کی طرف دیکھا نہایت گہرے رنگ کی ایک خاتون مٹیالے سے کپڑے پہنے بیٹھی تھی زیدی کو سرگوشی میں بتایا یہاں بھی ایک بھنگن ہے کہو تو جگہ بدل لیں اسی وقت اسکرین پر کوئی رات کا منظر آ گیا''

(دلّی دُور ہے سے منتخبہ)

☆

# ”منظرِ اِک بلندی پر“

نورالسعید اختر
(ممبئی، بھارت)

مندرجہ بالا عنوان کے پس پردہ جو شخصیت پنہاں ہے اس کی وضاحت کی ضرورت نہیں ہے کیونکہ اردو زبان وادب ہی کیا بلکہ دیگر زبانیں بولنے والے لوگ بھی اس راز سے بخوبی واقف ہیں کہ کون معشوق ہے اس پردۂ زنگاری میں؟ راقم کا خیال ہے کہ سفرناموں کے اس مسافر کے نام ہی میں کوئی غیبی تاثیر مضمر ہے کیونکہ اگر آپ پونا (ہندوستان) سے وائی روڈ کی طرف ۲۴، ۲۵ میل کے فاصلے پر سرِ راہ ایک تاریخی مقام ہے جہاں مغلیہ دور کے جانباز سپہ سالار افضل خان کا مقبرہ ہے۔ اسی کے آس پاس ایک صوفی صافی حضرت قمر علی شاہ درویش کی درگاہ مرجعِ خلائق ہے۔ بلا تخصیصِ مذہب وملت لوگ یہاں جوق در جوق آ کر منّت، مرادیں لے کر آتے ہیں اور بڑی حد تک باریاب ہوتے ہیں۔

حضرت صوفی قمر علی شاہ درویش کی درگاہ کے احاطے میں دالان ہے جہاں دو پتھر رکھے ہوئے ہیں۔ ان میں ایک بڑا (تقریباً ۲۵ تا ۳۰ کلو) اور دوسرا ۱۵ تا ۲۰ کلو کا ہے۔ بڑے پتھر کو اٹھانے کے لیے کم از کم چھ لوگ اور چھوٹے کے لیے چار افراد درکار ہیں۔ ان پتھروں کو اُٹھانے کا طریقہ یہ ہے کہ ہر شخص اپنی انگشتِ شہادت پتھر کے نیچے لگائے اور سب مل کر ایک ساتھ بلند آواز میں ”یا قمر علی شاہ درویش“ کا نعرہ لگائیں تو یہ پتھر بہ آسانی ایک بلندی تک اس وقت تک اٹھتا رہے گا جب تک نعرہ لگانے والوں کی سانسیں نہیں ٹوٹتیں۔ یہاں کے لوگ اسے حضرت قمر علی شاہ درویش کا معجزہ تصور کرتے ہیں اور نہایت عقیدت سے اس صوفی کے مزار پر پھول، ہار اور چادریں چڑھاتے ہیں۔

جناب قمر علی عباسی بھی اردو ادب کے صوفی صافی اور سفرناموں کے قلندر صفت ادیب ہیں۔ موصوف کے ادبی کارنامے اور بالخصوص سفرنامے، صوفی قمر علی شاہ درویش کے دالان کے پتھروں سے زیادہ وزنی، وقیع اور بھاری بھرکم ہیں (متن اور مواد کے اعتبار سے) کیونکہ انہیں دو چار لوگ نہیں بلکہ ہزاروں لوگ اپنے ہاتھوں میں گھنٹوں سنبھالتے ہیں اور ان پر آبِ نظر کے عقیدت مندانہ پھول برساتے ہیں اور قمر علی عباسی کی ”حرف وسخن کی جاگیر“ سے فیضیاب ہوتے ہیں۔

راقم جناب قمر علی عباسی کے نام سے ضرور واقف تھا۔ یہ تو شکاگو میں مقیم خضرِ راہ جناب حسن چشتی کے فیضِ عام کا کمال ہے کہ انھوں نے راقم کو حضرت عباسی کی ادبی کارروائیوں کی ایک جھلک دکھائی۔ دوسرے روز راقم نے حضرتِ عباسی سے ٹیلیفون پر رابطہ قائم کیا اور تعارف کے بعد ان سے تازہ ترین سفرنامے کا مطالبہ کیا۔ عباسی صاحب نے نہایت خلوص، ایثار اور انکسار سے کام لیا اور بڑے تپاک سے گفتگو کی۔ راقم کو غیریت کا قطعی احساس نہیں ہوا۔ عباسی صاحب کی گفتگو، شیریں، رواں اور اپنائیت کی چاشنی سے بھرپور تھی۔ موصوف سے گفتگو کے بعد راقم کی طبیعت شگفتہ اور تازہ دم ہو گئی۔ اور وہ سارا ڈپریشن جاتا رہا جو عموماً امریکا میں مسافروں کو تنہائی کی وجہ سے بھگتنا پڑتا ہے۔

تیسرے دن دوپہر کو عباسی صاحب کا بھیجا ہوا جرمنی کا سفرنامہ بعنوان ”اور دیوار گر گئی“ کے ساتھ ”عالمی اردو تحریک، شمالی امریکا“ کی جانب سے منعقد ہونے والے ”جشنِ قمر علی عباسی“ کا چوبیس صفحوں پر مشتمل پمفلٹ بھی دستیاب ہوا یہ مختصر سا جاذبِ نظر پمفلٹ اپنے اندر ایک دنیا بسائے ہوئے ہے۔ سرِ ورق پر جناب عباسی کے خلاؤں میں جھانکتی ہوئی تصویر ہے جو ان کے منصوبوں کو ظاہر کرتے ہوئے کہہ رہی ہے کہ ”ستاروں کے آگے جہاں اور بھی ہیں“ یعنی دنیا کی مسافرت کے بعد عباسی صاحب ستاروں، سیاروں اور کہکشاں پر بھی کمند ڈالنے کا عزم کر چکے ہیں۔ خدا انہیں اپنے بلند عزائم میں کامیاب کرے۔

عباسی صاحب نے اس تصویر میں قصداً اپنی گردن نہیں جھکائی، اک ذرا گردن جھکا کر تصویرِ یار دیکھنا تو عشاق کا شیوہ ہے لیکن یہ تصویر تو اُن کی رفیقۂ حیات بیگم نیلوفر عباسی کی ہے جو ان کے کاروانِ ادب اور سفر وحضر کی نگراں، ہمنوا اور صلاح کار ہیں اس کے ثبوت میں عباسی صاحب اپنی ہمسر یعنی بیگم عباسی کے خلوص، محبت اور ادبی تعاون کا تمام سفرناموں کی ابتداء میں برملا اعتراف کر چکے ہیں اور اس قول کے آگے اس کا سرِ تسلیم خم ہے کہ ”مرد کی ہر ترقی کے پسِ پردہ صنفِ نازک کا ہاتھ ہوتا ہے“ یہاں تو معاملہ ہی دگرگوں ہے۔ عباسی صاحب خوش قسمت ہیں کہ انہیں صنفِ نازک کے ہاتھ کے ساتھ، عمر بھر کی رفاقت، رہنمائی، ہم مزاجی اور مسکراہٹوں کے شگوفے میسر آئے ہیں۔ نہ جانے عباسی صاحب کو بیگم عباسی سے دو، چار باتیں کرنے کی مہلت کب ملتی ہو گی کیونکہ بقول بیگم عباسی ”آپ یقین کریں کہ یہ ایک وقت میں دس مختلف نوعیت کے کام اور ذمہ داریاں نمٹا رہے ہوتے ہیں“ معاملے کی نزاکت جان کر یہاں مزید کچھ کہنا مشکل ہے، البتہ بیگم عباسی کے صبر، ضبط اور تحمل کی داد دینی پڑے گی کہ وہ عباسی صاحب کو ٹینشن فری، فرصت کے لمحات عطا کرتی ہیں بلکہ قلم کی آواز میں اپنی آواز بھی ملا دیتی ہیں تا کہ عباسی صاحب کی تخلیقات میں نغمگی اور سُروں کی لہر دوڑ جائے۔ یوں محسوس ہوتا ہے کہ عباسی صاحب نے اپنے معمولات کو وقت کے خانوں میں بانٹ رکھا ہے۔ یقیناً زندگی کے اقدار سے بھرپور خانہ بیگم عباسی اور افرادِ خاندان کے حق میں آیا ہو گا۔ اس لئے گھر کا ماحول معتدل اور خوشگوار بنا رہتا ہے۔

عباسی صاحب کی طبعی زندگی کا سفر زرپاش اور مردم خیز سرزمین امروہہ ضلع مراد آباد میں ۱۳؍ جون ۱۹۳۸ء سے شروع ہوا۔ موصوف کے والد جناب یعقوب علی صاحب سروے آف انڈیا کے شعبہ میں افسر تھے۔ دس سال کی عمر تک قمر علی کی تعلیم وتربیت امروہہ کے مدرسے اور اسکول میں ہوئی۔ آم اور

امرود کے باغوں میں چہکیں کرنے والے کھلنڈرے قمر علی کو ہندوستان کی تقسیم کے ساتھ ۱۹۴۸ء میں اپنے وطن کو خیر باد کہنا پڑا۔ یعقوب علی صاحب نے پاکستان کو فوقیت دی، اس لیے انہیں پاکستان سروے آفس میں اعلیٰ عہدہ دے دیا گیا۔ اس طرح یعقوب علی صاحب مع اہل وعیال حیدر آباد (سندھ) پاکستان پہنچ گئے۔ قمر علی کی تعلیم وتربیت کا آغاز حیدر آباد (سندھ) کے اسکول سے شروع ہوا۔ ۱۹۵۶ء میں قمر علی نے میٹرک پاس کیا حیدر آباد (سندھ) سے بی۔اے آنرز کی ڈگری لی اور ۱۹۶۱ء میں معاشیات میں ایم۔اے کی سند لی۔ ایم۔اے پاس ہوتے ہی قمر علی کو اسپیشل انویسٹی گیٹر صدر، سیکرٹریٹ (کراچی) میں اسامی مل گئی۔ کچھ عرصہ بعد وہ نیشنل کالج کراچی میں بحیثیت لیکچرار منتخب ہوئے۔ ابھی وہ درس وتدریس کے ماحول سے پوری طرح آشنا بھی نہ ہونے پائے تھے کہ ان کا ریڈیو پاکستان لاہور میں بحیثیت لسنرز ریسرچ آفیسر کی اسامی پر تقرر ہو گیا۔ جناب قمر علی کی صداوصوت کا ماحول بخوبی راس آیا اور وہ اس شعبہ میں ترقی کی راہوں سے گذرتے ہوئے لاہور سے راولپنڈی، یہاں سے کوئٹہ (بلوچستان) وہاں سے حیدر آباد (سندھ) اور پھر اپنے آخری پڑاؤ یعنی کراچی پہنچے اور کنٹرولر ڈائریکٹر ریڈیو پاکستان کے عہدے سے وظیفہ یاب ہوئے۔ قمر علی صاحب ۳۲ سال تک ریڈیو پاکستان سے منسلک رہے۔ وظیفہ یابی کے بعد قمر علی صاحب روزنامہ جنگ کراچی اور ہفت روزہ "عوام" نیویارک (امریکا) سے بھی وابستہ رہے۔

۱۹۶۰ء میں بی۔اے آنرز کرتے ہوئے قمر علی صاحب کو ایسے اساتذہ کی سرپرستی حاصل ہوئی جو اپنے عہد کے یکتائے روزگار علما میں شمار ہوتے تھے۔ ان میں پروفیسر غلام مصطفیٰ خان صاحب کا نام سرِ فہرست تھا۔ ڈاکٹر غلام مصطفیٰ ۱۹۴۹ء میں ناگپور (حالیہ وودربھ، انڈیا) سے پاکستان منتقل ہوئے تھے۔ اور انہیں حیدر آباد (سندھ) کے کالج میں پروفیسر کی اسامی مل گئی تھی۔ قمر علی صاحب ڈاکٹر خان کی علمی تبحر اور تحقیقی شعور سے بے حد متاثر تھے۔ ڈاکٹر خان نے قمر علی صاحب کو پڑھنے لکھنے کی ترغیب دی۔ ڈاکٹر خان کے ایما پر قمر علی صاحب نے ۱۹۶۶ء میں اردو سے ایم۔اے کیا اور اس ڈگری کے لیے "شاہد احمد دہلوی" پر مقالہ تحریر کیا۔ قمر علی صاحب کا تحریری سفر ۱۹۵۲ء سے شروع ہو گیا تھا، موصوف نے ۱۴ برس کی عمر میں جنگ (کراچی) اخبار میں بچوں کے لیے کہانی لکھی تھی۔ اردو میں ایم۔اے کرنے کے بعد قمر علی صاحب کے تیز گام قلم میں جنبش پیدا ہوئی یہ مختلف منزلوں سے گذرتا رہا اور اپنے ہمعصروں کو مات دیتا ہوا کوسوں آگے نکل گیا۔ قمر علی صاحب نے ابتدا میں بچوں کے لیے دلچسپ کہانیاں لکھیں مشق تحریر کی خاطر بچوں کا دل بہلاتے رہے۔ ۱۹۷۳ء میں بچوں کے کہانیوں کے مجموعے "کائیں کائیں، میاؤں میاؤں" نے پہلے انعام کا اعزاز حاصل کیا۔ پاکستان رائٹرز گلڈ کا یہ انعام موصوف متواتر چار سال تک حاصل کرتے رہے۔ قمر علی صاحب نے بچوں کے لیے یکے بعد دیگرے متعدد کتابیں لکھیں جو بہت مقبول ہوئیں۔ بچوں کے لیے لکھا ہوا سفرنامہ "سنگاپور کی سیر" آکسفورڈ یونیورسٹی پریس نے شائع کر کے دنیا بھر میں تقسیم کیا۔ اس مقام پر اُن کا قلم بالغوں کے ذہنوں کو آسودگی پہنچانے کے لیے منجھ چکا تھا۔ قمر علی صاحب نے ۱۹۷۹ء میں "بہادر علی"، "شرارتی خرگوش" اور "سمندر کا بیٹا" کے نام سے ناول تحریر کیے۔ ناول "بہادر علی" یونیسف (UNICF) نے دنیا بھر کی زبانوں میں شائع کیا۔

قمر علی عباسی کے ناولوں، ریڈیائی پروگراموں اور ٹی وی سیریلوں نے انہیں بین الاقوامی شہرت عطا کی۔ موصوف کے ڈرامے جاپان سے مقامی زبان میں نشر ہوئے۔ موصوف کا پہلا سفرنامہ "لندن لندن" کو بی بی سی لندن نے سلسلہ وار "لندن کی سیر" کے عنوان سے ٹیلی ویژن پر دکھایا۔ اس کتاب کے آج تک چھ ایڈیشن شائع ہو چکے ہیں۔

۱۹۸۲ء سے قمر علی صاحب نے متواتر سفرنامے لکھے اور آج بھی گو ناگوں مصروفیات کے باوجود اس کام کو انہماک سے انجام دے رہے ہیں۔ ۱۹۹۹ء میں قمر علی صاحب نے مستقل طور پر امریکا کے مشہور شہر نیویارک کو اپنا مسکن بنالیا۔ امریکا پہنچ کر قمر علی صاحب کے قلم کی جولانیاں بے لگام ہو گئیں۔ سفرناموں کی مشقت جاری ہے اور متعدد اخبارات میں ہفتہ وار کالم پہ کالم بلا ناغہ لکھ رہے ہیں۔

قمر علی عباسی صاحب کی طبع شدہ تصانیف کی تعداد پچاس کے قریب ہے۔ ان میں سولہ (۱۶) کتابیں بچوں کی کہانیوں کی ہیں۔ اٹھائیس سفر نامے ہیں اور چار ناول ہیں۔ علاوہ ازیں موصوف متعدد ٹی وی سیریل لکھ چکے ہیں۔ ان کی ریڈیائی فیچر اور ناول سیریل کی تعداد چار ہے جو ۵۲ اقساط پر مشتمل ہے۔ قمر علی صاحب ایک کامیاب کالم نگار ہیں۔ وہ فی الحال کئی اخباروں میں ہفتہ وار کالم لکھنے میں مستغرق ہیں۔ ان کی چار کہانیوں کے کیسٹ (بچوں کے لیے) منظر عام پر آ چکے ہیں۔

گذشتہ سطور میں عباسی صاحب کے علمی، ادبی اور تخلیقی سفر کو چند سطور میں سمیٹ دیا گیا ہے حالانکہ اس سفر میں موصوف اپنی زندگی کی نصف صدی قرباں کر چکے ہیں لیکن اب ان کی زندگی کا تنومند برگد مسافروں کو گھنی چھاؤں دیتے دیتے جھک سا گیا ہے اس کے باوجود بھی وہ بیک جنبشِ قلم اخباروں کے ہفتہ وار کالم لکھ رہے ہیں۔ علمی وادبی مضامین لکھے جا رہے ہیں۔ یہ سب کچھ کرنے کے لیے ایک حوصلہ مند جذبہ اور والہانہ جنون کی ضرورت ہوتی ہے یہی حوصلہ اور جنون مرزا اسداللہ غالب کی سرشت میں تھا۔ اسی لیے انھوں نے کہا تھا:

کاش کے پرے ہوتا عرش سے مکاں اپنا
منظر اک بلندی پر اور ہم بنا لیتے

قمر علی عباسی بھی اسی نصب العین کے حامی نظر آتے ہیں۔

اردو ادب کے سفرناموں کی تاریخ زیادہ پرانی نہیں ہے۔ ان میں مذہبی اور تاریخی سفرناموں کی بہتات ہے۔ قمر علی عباسی نے اس صنفِ ادب میں شہروں اور ملکوں کی نثری عکاسی کی ہے اور جدید سفرنامہ نگاروں میں ایک منفرد مقام پیدا کیا ہے۔ زبان وبیاں اور اسلوبِ نگارش کے اچھوتے انداز کی بنا پر موصوف کے

سفرنامے ایک جیتی جاگتی، محرک زندگی کا آئینہ ہوتے ہیں۔ ان کی سبک، صاف، شستہ نثر قاری کے لیے ''موجِ نغمہ خواں'' سے کم نہیں ہوتی۔ نہایت مختصر مگر چست جملے قاری کے دل میں چٹکیاں بھرتے ہیں۔ لہٰذا قاری اس ''موجِ خوش رنگ'' میں گنگناتے، مسکراتے، کھلکھلاتے کبھی سبزہ زاروں سے گزرتا ہے، کبھی صحراؤں کی تپش سے سر چھپاتا ہے، کبھی پتھریلی زمینوں کو ناپتا چلا جاتا ہے، کبھی جوئے نغمہ خواں کا لطف اٹھاتا ہے، کبھی عالیشان فلک بوس عمارتوں کو تاکتے گذر جاتا ہے، کبھی کھپریل سے ڈھکے خوشنما مکانوں اور مکینوں سے دو باتیں کر لیتا ہے، کبھی ہوٹلوں اور ریستورانوں میں کافی کی چسکیاں لیتا ہے اور لذت دار کھانوں سے محظوظ ہوتا ہے۔ فطرت کے نظاروں کے ساتھ صنفِ نازک کی اٹکھیلیوں، ناز برداریوں اور اُن کی نگاہِ غلط انداز سے مسرور ہوتے ہوئے سفرنامے کے اختتام تک پہنچتا ہے تو وہ بے ساختہ کہہ اٹھتا ہے ''خواب تھا جو کچھ کہ دیکھا جو سُنا افسانہ تھا''۔

قمر علی عباسی صاحب کا سفرنامہ دراصل خواب نہیں بلکہ حقیقت ہوتا ہے۔ موصوف اپنے ساتھ دیگر مسافروں کے ساتھ قارئین کا ہجوم بھی ہمرکاب رکھتے ہیں۔ اُن کا پیرایۂ بیاں قاری کو اپنا ہمسفر بنا لیتا ہے۔ گویا تن بدن تو قمر علی صاحب کا ہوتا ہے لیکن آنکھیں قاری کی ہوتی ہیں۔ جیسے قاری اُن کا ہمزاد بن گیا ہو۔ قمر علی صاحب کی رواں دواں تحریر اور چٹیلے بااثر جملے ان کی طرزِ تحریر کا معجزہ ہیں۔ جس کی وجہ سے قاری مسحور ہو جاتا ہے۔ قمر صاحب راز کی باتیں کچھ اس انداز سے بیان کرتے ہیں کہ افشائے راز نہیں ہوتا لیکن قاری سب کچھ سمجھ لیتا ہے۔ قمر صاحب یہ حجاب اس لئے رکھتے ہیں کہ ان کی نصف بہتر بدگمان نہ ہو جائے۔ لہٰذا وہ رند کے رند رہتے ہیں اور جنّت کو ہاتھ سے جانے نہیں دیتے۔ حسن و عشق کے اس مجموعی تاثر نے ان کے سفرناموں میں آفاقیت پیدا کر دی ہے یہی وجہ ہے کہ قاری سفرناموں کے سحرانگیز ماحول میں گم ہو جاتا ہے۔

قمر علی عباسی نے کم و بیش تیس ملکوں اور لاتعداد شہروں کی خاک چھانی ہے۔ بھانت بھانت کے لوگوں سے مل چکے ہیں، قسم قسم کے کھانے چکھے ہیں، مختلف بولیاں سُنی ہیں، حسن و جمال کی رعنائیاں دیکھی ہیں، گھاٹ گھاٹ کا پانی پیا ہے۔ ہر جگہ نیا ''طور'' اور نئی تجلی دیکھی ہے۔ ''لن ترانی'' بھی کی لیکن جلوے سے محروم رہے۔ اس کے باوجود موصوف کے مزاج اور آہنگ میں ہر مرتبہ تجربات کی شیرینی زیادہ اور تلخی کم ہوتی نظر آتی ہے۔ ان کا ہر نیا سفرنامہ ایک نئی تان اور سرگم لئے ہوتا ہے ان سے الفاظ و معنی کی راگنیاں تھرکنے لگتی ہیں۔ لگتا ہے قمر علی صاحب پر انوارِ الٰہی کے ساتھ سفرنامے نازل ہو رہے ہوں۔ خدا کی دین کے احوال سے صرف حضرت موسیٰ واقف ہیں۔ ہو سکتا ہے یہ سعادت درویش قمر علی شاہ قلندر کے بابرکت نام سے مناسبت کا اثر ہو۔ کیونکہ ایک انتہائی مصروف انسان کے لیے ایسے کارنامے ممکن نہیں۔ اس سلسلے میں ایک واقعہ بھی سنتے چلئے۔

''قمر علی صاحب کے نئے سفرنامے کی اشاعت کے بعد ایک صاحب میرے پاس آئے اور یہ مژدہ سنایا کہ ''لیجیے صاحب، قمر علی عباسی کا ایک اور سفرنامہ'' دوسرے دن وہ صاحب حیرت زدہ، انگشت بدنداں میرے پاس آئے۔ میرے استفسار پر گویا ہوئے اور پوچھا۔ ''جناب ایک شخص بیک جنبشِ قلم علیحدہ علیحدہ عنوانات پر کیسے قلم اٹھا سکتا ہے؟'' میں نے اُن کا استعجاب بڑھانے کی غرض سے کہہ دیا ''جنابِ والا قمر علی صاحب عامل ہیں۔ ظاہر ہے کہ اُن کے قبضہ میں اَجنّہ ہیں اور یہ کاروبار اُن ہی کی مدد سے ہوتا ہے'' وہ صاحب حیرت اور استعجاب کی مورت بن کر چلے گئے۔ دوسرے ہفتے وہی صاحب رازدارانہ انداز میں بغل میں بوتل کی طرح کچھ چھپاتے ہوئے لائے اور قمر علی صاحب کا ایک اور تازہ ترین سفرنامہ میرے قیاس کی تصدیق میں پیش کر دیا۔ میں لاجواب رہا۔

دراصل ایسا ہرگز نہیں ہے۔ مندرجہ بالا قصّہ قمر علی صاحب کی سرعت نگاری کے صحت مند پہلو کی غمازی کرتا ہے۔ موصوف لڑکپن اور جوانی کے درمیان وقفے سے لکھتے آرہے ہیں۔ قلم و قرطاس اُن کے قبضہ میں ہیں ''اجنّہ'' نہیں۔ موصوف کا قلم اُن کے ذہن کی رفتار کا ہمرکاب رہتا ہے اور اُن کے خیالات اُن کی مصوّرانہ یادداشت (Photographic Memoary) سے ہم آہنگ ہوتے ہیں۔ ان دونوں خصوصیات کے انجذاب اور سالہا سال کی محنت و ریاضت کے بعد قمر علی عباسی کے اشہبِ قلم میں برقی توانائی پیدا ہوگئی ہے اور ان کا یہ وجدان کمال کی حد کو پہنچ گیا ہے۔ یہی قمر علی صاحب کی زود نویسی کا راز ہے۔

قمر علی صاحب کے سفرنامے کئی خصوصیات کے حامل ہے۔ ان میں تہذیب، تمدن، تاریخ، جغرافیہ اور موجودہ سیاست کے آثار نمایاں رہتے ہیں۔ موصوف بیانیہ انداز میں قاری کا دل بہلاتے جاتے ہیں، اسی دوران قاری کے ذہن پر اپنے قلم کے نشتر بھی چبھوتے جاتے ہیں تاکہ قاری حالاتِ حاضرہ سے باخبر رہے۔ سفر کے دوران موصوف غیر ملکوں کی سیاسی اور سماجی کمزوریوں اور خوبیوں پر خامہ فرسائی کرتے رہتے ہیں۔ بالخصوص معاشی بحران اور آسودہ حال زندگی کے منظرنامے بھی قارئین کو عبرت دلانے کے لیے پیش کرتے ہیں۔ وہ پس ماندہ ملکوں کی غربت اور افلاس کی طرف بھی اپنے قلم کا رخ موڑتے ہیں اور بیان کرتے ہیں کہ ''عسرت و افلاس نے ان ملکوں کی کم سِن دوشیزاؤں کو پیشہ ورانہ زندگی گذارنے پر مجبور کر دیا ہے۔ مغربی ممالک میں عریانیت اور نشہ خوری کی لت نے نوجوانوں کے مستقبل کو تاریک بنا دیا ہے۔ غرض کے قمر علی صاحب کے سفرنامے، اخلاقی، اصلاحی، فلاحی ادارے کا رول ادا کرتے ہیں۔ موصوف کے سفرناموں کو یونیورسٹیوں کے نصاب میں داخل کر کے ایک مبارک اور سعید قدم اٹھایا گیا ہے۔ یہ نوجوانوں کے لیے نہایت کارآمد ثابت ہونگے۔ ان میں پیش کیے گئے عمرانیات، تاریخ و جغرافیہ کے چلتے پھرتے مرقعے نوجوانوں کی رہبری کر سکیں گے اور موصوف کے ادبی شگوفوں سے اردو ادب کا باغ لہلاتا رہے گا۔ قمر علی عباسی صاحب صلہ و ستائش سے ماوریٰ ہیں۔ لیکن ادبی دنیا نے اُن کی بےلوث ادبی خدمات کا بھرپور صلہ دیا ہے۔ موصوف کو اب تک ۴۵ کے قریب انعامات اور اعزازات مل چکے ہیں۔ جو راقم کی نظر میں ایک ریکارڈ ہیں۔

# بھاوج کا تحفہ

(اے پی این ایس کا ایوارڈ یافتہ کالم)

قمر علی عباسی

ڈیڑھ سال بعد حیدرآباد بس سے جانا ہوا تو خیال آیا سترہ سال ہوئے جب بس سے سفر کیا تھا۔ اس عرصے میں عام ویگن، ایئر کنڈیشنڈ کوچ، بولٹن مارکیٹ سے ٹول پلازہ تک ''ایک سواری! ایک سواری!'' پکارتے رہے اور ہم وہ سواری نہیں بنے لیکن آج ان کے مقدر میں ہماری میزبانی تھی۔ ڈھائی گھنٹے بعد جیل نظر آئی۔ حیدرآباد، ملک کا وہ منفرد شہر ہے جس میں سڑک کے راستے داخل ہوں تو جیل کا دروازہ استقبال کرتا ہے حالانکہ ہم یہاں ہمیشہ اچھی نیت سے داخل ہوئے ہیں۔ ہمارے وہاں قدم رنجہ فرمانے کا دن چھٹی کا تھا۔ مقامی انتظامیہ کو اطلاع نہ ہو سکی اس لئے ٹوٹی سڑکوں، زمین میں دھنسے مکانوں، تانگوں، رکشوں سے اڑتی دھول نے استقبال کیا۔ جیل کے سامنے ہمارے لڑکپن میں ہیرآباد ہوا کرتا تھا۔ اب وہاں ''آباد'' باقی رہ گیا ''ہیرے'' کے بارے میں متضاد افواہیں سنی ہیں۔ بعض کہتے ہیں کہ غریبوں نے بیچ کھایا۔ کچھ کا خیال ہے امیروں نے حالات سے مجبور ہو کر چاٹ لیا۔ ہم صرف اس بات کے گواہ ہیں کہ وہاں ہیرا نام کی کوئی چیز باقی نہیں۔

حیدرآباد کے سارے لوگ معمار ہیں کچھ نہ کچھ بناتے رہتے ہیں۔ سڑکوں کو گلیاں، گلیوں کو تنگ گلیاں اور چوراہوں کو کھودنے کے ماہر ہیں اور قدرت کا کرشمہ یہ ہے کہ انہیں خاطر خواہ کامیابیاں حاصل ہو رہی ہیں۔ بڑے سے بڑے آدمی کو گھر سے نکلتے ہی شانے سے شانہ ملا کر چلنا پڑتا ہے۔ اس طرح بازاروں میں' گلی کوچوں میں مساوات، اخوت، برابری، کا مظاہرہ ہر لحہ نظر آتا ہے۔ شہر میں کوئی پارک نہیں ہے اسی لئے گھاس پات نظر نہیں آتے اور بلدیہ کا بڑا سرمایہ بچ رہا ہے۔

بس نے ہمیں گاڑی کھاتے میں اتار دیا۔ بھائی خان کی چاڑی سے قلعے کی طرف روانہ ہوئے۔ چڑھائی کے دونوں طرف پہاڑوں سے آبشار بہہ رہے تھے۔ یہ پاکستان کے قیام سے پہلے کے ہیں۔ سوات اور وادی کاغان کے آبشار دیکھنے لوگ دور دور سے جاتے ہیں لیکن ہمارے شہر کے آبشاروں کی کوئی قدر نہیں کہ یہ باتھ روم اور کچن سے نکلتے ہیں۔

یوں محسوس ہوتا ہے، حیدرآباد میں ہر چیز توڑ کر بنائی جا رہی ہے۔ جو ٹوٹ جاتا ہے، وہ بنتا نہیں۔ جو بننا شروع ہو جاتا ہے، وہ مکمل نہیں ہوتا۔ ایک زمانے میں حیدرآباد کے میئر اور ڈپٹی کمشنر ہمارے دوست تھے۔ ان سے یہی شکایت تھی، شہر کیوں جھڑ رہا ہے، ٹوٹ رہا ہے، گر رہا ہے؟ ان کا خیال تھا، اس شہر میں کوئی آسیب ہے جو رات کو لوگوں کے سوتے ہی جاگ اٹھتا ہے اور ہر چیز کو اسی جگہ واپس کر دیتا ہے جہاں سے وہ شروع ہوئی تھی۔ اس بار ہم نے اس بلا کو ڈھونڈ نکالا ہے۔ شہر کی گلیاں، کوچے، چاڑیاں، پاڑے، پڑ، سب دیکھے۔ یہاں پہلے سیکڑوں اسپیڈ بریکر تھے، اب ہزاروں ہو گئے ہیں۔ یہ بریکر وہاں بھی ہیں جہاں سائیکل چلتی ہے، لوگ پیدل چلتے ہیں، نہیں چلتے، لوگوں نے گاڑیوں کی اسپیڈ کو بریک لگانا چاہا تھا لیکن یہ ان کی زندگی کے ہر قدم، ترقی کے ہر زینے، سکون کے ہر گوشے کو بریک لگ گیا۔ حیدرآباد والو! اپنے راستوں سے بریکر ہٹاؤ، خوشحالی کو آنے دو، نئی صبح روشن دوپہر، سانولی شام اور جگمگاتی رات تمہاری منتظر ہے۔

ہمارا گھر قلعے میں ہے۔ اس کے دروازے کے آگے چوراہا ہے۔ یہاں سے شاہی بازار شروع ہوتا ہے۔ یہ زندگی حرارت، حرکت اور خوشیوں کا چوراہا تھا۔ محرم میں حسینؑ انمول، خوبصورت رکھے جاتے، شب برات میں آتش بازی کا کھیل ہوتا۔ کبھی آنکھ مچولی یا کھلنڈرے ونج وٹی راند کھیلتے۔ چوراہے کے سامنے ربڑی کی دسیوں دکانیں ہیں۔ حیدرآباد آنے والے یہ سوغات اپنے یاروں پیاروں کے لیے لے جاتے ہیں۔ ایک دن چوراہے پر ہنستی مسکراتی، قہقہے لگاتی ایک بارات رکی۔ مرد سوغات خریدنے اترے پھر کہیں سے موت نمودار ہوئی اور چوراہا خون سے سرخ ہو گیا۔ ہم پہنچے تو ان شہیدوں کی سرخ یادگار ملی۔

ہم قلعے کی پہلی گلی کے آخری مکان میں رہتے تھے۔ اب اس میں ہمارے دو بھائی، بھاوجیں اور منجھلے ماموں رہتے ہیں۔ گھر کے پاس ایک چھوٹا سا چوراہا ہے۔ اس پر ایک مینار بنا دیکھا۔ تازہ گلاب کے ہار پڑے تھے۔ یہ بھی شہیدوں کی یادگار ہے۔ ہم نے گھبرا کر اِدھر اُدھر دیکھا۔ کوئی اور چوراہا تو نہیں لیکن شکر، ہمارے گھر کے راستے میں یہ آخری چوراہا تھا۔ اس یادگار پر اڑسٹھ نام لکھے ہیں۔ آٹھ نامعلوم ہیں۔ ہم نے لاہور میں واہگہ سیکٹر جاتے ہوئے جلو موڑ باٹا پور، بی آر بی کے کنارے کئی جگہ شہیدوں کے مینار دیکھتے تھے۔ سر اونچا کر کے نام پڑھتے تھے۔ دل میں ایک ٹھنڈک سی پڑی تھی۔ اس وقت سوچا تھا ان مادر وطن کے بیٹوں میں کاش! ہم بھی شامل ہوتے۔ مینار کے ساتھ کھڑے ہو کر تصویر کھنچوائی تھی اپنے البم میں لگانے کے لیے۔ یہ مینار بھی شہیدوں کے نام پر بنایا گیا تھا لیکن نجانے کیوں یہ نام پڑھنے کے بعد سر اٹھایا، نہ تصویر کھنچوائی۔ بس آگے بڑھ گئے۔ گھر کا دروازہ کھول کر زندگی کا احساس کرنے کے لیے۔ وہاں ہمارا چھوٹا بھائی اور بھاوج تھی۔ ہمارے اس بھائی کو پرندے پالنے، پودے لگانے، گھر سجانے کا شوق تھا۔ ڈیڑھ سال پہلے اس کی شادی پر پہنچے تھے تو اس نے پنجرے کے اندر خوبصورت ہانڈیوں میں افریقی طوطے، خوبصورت ایکوریم میں سرخ، سبز، سنہری مچھلیاں، بڑے بڑے پتوں والے منی پلانٹ، کالے گلاب کی کلیاں

اور موتیا کے کھلکھلاتے پھول دکھائے تھے۔ ہماری پسندیدہ مچھلی پکوائی تھی۔ شاہی بازار سے ربڑی کی سوغات منگوائی تھی۔ ڈیڑھ سال بعد گھر میں داخل ہوئے تو کچھ بھی نہ بدلا تھا۔ وہی استقبال، وہی کلیاں، پھول، پرندے لیکن کسی نے ہماری توجہ اس طرف نہ دلائی۔ کھانے کے بعد ہمارا بھائی چھت پر لے گیا۔ برسہا برس کے بعد چھت پر گئے تھے۔ لڑکپن سے جوانی تک سارے سن و سال روشن ہو گئے۔ دائیں کونے میں پتنگ اڑاتے۔ بائیں طرف ڈانٹ اور پٹائی کے خوف سے آ چھپتے تھے۔ پڑھائی کے بہانے اے حمید کے ناول، شفیق الرحمٰن کی تحریروں کے قہقہے لگاتے پھر ایسا لگا چاروں طرف دکھ کے سیاہ بادل ہوں۔ اب نہ ڈانٹنے والے رہے، نہ قہقہہ سن کر چونکنے والے، آنگن خالی ہو گیا۔ اچانک ہم خوش ہو گئے۔ چھت کی دیواریں، چار دیواری کھدی ہوئی تھیں۔ شاید ہمارا بھائی ٹائل لگوا رہا ہے لیکن چھت پر کیوں۔۔۔؟ تب اس نے اکھڑے ہوئے سیمنٹ کی طرف اشارہ کیا۔ ''گولی یہاں لگی اور یہاں تک گھسٹ کر گئی۔ اس سوراخ سے گولی اندر گھس گئی اور ادھر سے نکلی۔ باتھ روم کے دروازے پر یہ نشان گولی کا ہے۔ چھت کی چار دیواری کا سارا پلاسٹر گولیوں سے ادھڑا ہے۔ یہ گولیاں پانی کی ٹنکی سے چلائی گئی تھیں۔ ہماری چھت کے سامنے پانی کی ٹنکی ہے، جس پر ایک بڑی سے روشنی چاروں طرف گھومتی تھی۔ لوگ کہتے تھے، یہ جہازوں کو کراچی کا راستہ بتاتی تھی۔ اسی جگہ سے افطار اور سحر کا سائرن بجتا تھا۔ ۱۹۶۵ء اور ۱۹۷۱ء کی جنگ کی سیاہ راتوں میں یہی دشمن کے حملے سے آگاہ کرتی تھی۔ یہ ٹنکی آبِ حیات پلاتی ہے۔ زندگی کو راستہ دکھاتی ہے۔ ہم نے گردن اٹھا کر دیکھا، وہاں کچھ نہ تھا۔

ہماری روانگی کا وقت ہوا۔ الوداع کہتے ہوئے ہماری بھاوج نے اپنے زیورات کے ڈبے سے ایک لمبا سا کارتوس نکال کر ہمارے حوالے کر دیا۔ بھائی نے بتایا۔ ''خالی کارتوس تو بہت سے تھے۔ سب بانٹ دیئے، ایک رہ گیا ہے۔ یہ آپ کے لیے ہے۔ اسے کراچی لے جائیں''۔

بھاوج کا تحفہ لے کر ہم باہر نکلے۔ قلعے کا بڑا دروازہ آ گیا۔ ہمارے دوست سلطان جمیل نسیم نے ربڑی کی فرمائش کی تھی۔ سامنے دکانیں تھیں۔ درمیان میں شہیدوں کی یادگار جو ربڑی لینے گئے تھے۔ تب وقت رک گیا اور ہمیں محسوس ہوا کہ ان دکانوں تک ہم کبھی سفر نہیں کر سکتے اس لئے کہ موت کا منظر نہیں دیکھ سکتے۔

ہمارے بھائی نے گاڑی کا رخ قلعے کے بڑے دروازے کی طرف کر دیا۔ اس طرف ہم پہلی بار جا رہے تھے۔ الٹے ہاتھ پر جمنازیم کی عمارت اور سیدھے ہاتھ پر گھاس کا میدان اس پر مٹی کے ڈھیر تھے۔ ہمارے بھائی نے گاڑی روک دی۔ ''ارے! یہ کیا؟'' لوہے کا گیٹ کھول کر اندر گئے۔ گھاس کے درمیان قبریں بنی ہیں۔ یہاں ۱۹۹۰ء کے شہید سو رہے ہیں۔ کبھی یہ نوعمر، کمسن بچے، ادھیڑ عمر کے مرد، بوڑھے اور خواتین تھیں، اب مٹی ہو گئے۔ کتبوں پر تحریریں ہیں۔ کوئی پانی لینے گھر سے نکلا تھا، کوئی دفتر سے لوٹ رہا تھا، گھر کے لیے خوشیاں لینے جا رہا تھا، اپنی چھت کے نیچے تھا۔ ان کی عمر اور شہادت کی تفصیل کے نیچے قاتلوں کے نام بھی درج ہیں۔ ہم نے دنیا میں بہت سے شہیدوں اور مقتولوں کی قبریں دیکھی ہیں۔ ابراہم لنکن، جون ایف کینیڈی، لیاقت علی خانؒ لیکن ان پر قاتلوں کے نام نہیں لکھے۔ یہ پولیس کی ایف آئی آر میں درج ہوئے ہیں۔ یہ کتبوں پر کیسے آ گئے۔۔۔؟

○

خالد عزیز۔ اس سارے قضیے کی اصل بنیاد ہیں۔ برٹش ایئرویز عرصہ ہوا کراچی سے اپنی پروازیں بند کر چکی۔ لیکن برٹش ایئرویز کے کراچی میں سیلز کے انچارج خالد عزیز ہر سال کسی نہ کسی طرح یہ اہتمام کر لیتے ہیں کہ کراچی سے چار پانچ سیاحت نگاروں، صحافیوں کو برطانیہ لے جاتے ہیں۔ ٹکٹ برٹش ایرلائنز کا اور میزبانی برٹش ٹورسٹ اتھارٹی کی اور وہ برطانیہ ان صحافیوں کو دکھاتے ہیں جو خود برطانیہ اہل برطانیہ نے بھی نہیں دیکھا۔ میں برطانیہ کی ندیوں، وادیوں، شاہراہوں اور پھولوں کی تعریف میں زیادہ دور تک نہیں جاؤں گا۔ اس کے لیے آپ میرا سفر نامہ پڑھیں (برطانیہ میں خزاں) جو گزشتہ برس شائع ہوا یا پھر (برطانیہ چلیں) پڑھیں۔

(آؤ برطانیہ چلیں سے منتخبہ)

☆

''ایک بار ٹرین میں چند احباب سفر کر رہے تھے، بات شاعری کی نکلی تو ذکر ہونے لگا اُن شاعروں کا جو انتہائی مشکل شعر کہتے ہیں۔ مثال دی گئی عبدالعزیز خالد کی دوسرے صاحب اس بات سے متفق نہیں تھے۔ پہلے نے کہا اگر آپ عبدالعزیز خالد کے پانچ شعر سنا دیں تو میں پانچ سو روپے پیش کروں گا۔ اس ڈبے میں ایک صاحب الگ تھلگ بیٹھے تھے بولے'' میں سنا سکتا ہوں'' سب نے حیران ہو کر دیکھا جن صاحب نے شرط لگائی تھی انہیں امید تھی یہ ممکن نہیں۔۔۔ ''ضرور سنایئے'' اعتماد سے کہا۔ ان صاحب نے عبدالعزیز خالد کے پانچ شعر سنا دیئے، شرط لگانے والا بے حد متاثر ہوا، عزت کا سوال تھا پانچ سو روپے نکال کر دئے اور حیرانی سے پوچھا'' آپ کا نام کیا ہے'' میں عبدالعزیز خالد ہوں۔

(کینیڈا انتظار میں ہے سے منتخبہ)

# تین دوست

(بچوں کی کہانی)

قمر علی عباسی

تین دوست تھے۔ کُتا، کوّا اور گدھا۔

تینوں دوست شہر کے بہر جنگل میں رہتے تھے۔ ان میں بڑی دوستی تھی۔ کُتا شہر چلا جاتا۔ گری پڑی ہڈی یا کہیں سے گوشت کا ٹکڑا مل جائے تو کھا لیتا۔ گدھا اِدھر اُدھر گھاس پتے چبا لیتا اور کوّا روٹی کا ٹکڑا یا کوئی اور چیز چونچ میں دبا کر پیٹ بھر لیتا۔ تینوں شام کو جمع ہوتے۔ دن بھر کی رام کہانی سناتے۔ خوش رہتے۔

صبح ہی صبح یہ تینوں اٹھ جاتے۔ کُتا اور گدھا دوڑ لگاتے۔ کوّا ہوا میں اڑتا، قلابازیاں لگاتا پھر کُتا اور کوّا گدھے پر سوار ہو جاتے اور گدھا اس طرح دوڑتا کہ یہ زمین پر گر جائیں۔ کُتا اور کوّا اس طرح گدھے کی کمر پر سوار رہتے کہ گر نہ سکیں۔ اس طرح خوب ہنسی مذاق ہوتا اور یوں ورزش بھی ہو جاتی۔

پھر یہ تینوں ایک جھیل کے کنارے پانی پیتے کوّا کہیں سے کوئی پھول توڑ لاتا اور ایک گدھے کے کان میں لگا دیتا اور ایک کتے کے کان پر اُڑس دیتا۔ پھر یہ اتنے خوش رہتے کہ ان کا ایک دوسرے سے جدا ہونے کو جی ہی نہ چاہتا تھا مگر خوراک کی تلاش کی وجہ سے مجبوراً الگ الگ ہونا پڑتا۔ کیونکہ جنگل میں گھاس تو مل سکتی تھی مگر گوشت اور روٹی تو نہ مل سکتی تھی۔

کوّے کا خیال تھا کہ یہ تینوں مل کر کوئی ایسا کام کریں کہ ساتھ ساتھ بھی رہیں اور کھانے پینے کا مسئلہ بھی ختم ہو جائے۔ بہت سوچ بچار کے بعد طے ہوا کہ ایک دکان کھولی جائے۔ یہ تجویز کوّے کی تھی کیونکہ اس نے شہر میں بہت بڑے بڑے جنرل اسٹور دیکھے تھے اور اس کا خیال تھا کہ جنگل میں جنرل اسٹور خوب چل سکتا ہے۔ اس سے آمدنی بھی ہوگی اور جنگل میں شہرت بھی ہو جائے گی۔ سارے چھوٹے بڑے جانوروں سے بھی دوستی ہو جائے گی اس سے بہت فائدہ ہوگا۔ اگر ریچھ سے دوستی ہوگئی تو شہد پینے کو مل سکتا ہے۔ لومڑی کی وجہ سے سرخ سرخ ٹماٹر حاصل کیے جا سکتے ہیں اور گلہری کی وجہ سے ہری ہری میٹھی ککڑیاں مل سکتی ہیں۔ دکان کھولنے کی تجویز تو تینوں نے منظور کر لی مگر اب سوال یہ تھا کہ کس چیز کی دکان کھولی جائے۔ گدھا کہتا تھا کہ گھاس کی دکان خوب ہوگی اور اس کے لیے ہمیں دور جانا بھی نہیں پڑے گا کُتا اس بات پر مُصر تھا کہ گوشت کی دکان سجائی جائے تو وہ فوراً بک جائے گا اور سب سے اچھی چیز بھی ہے۔ کوّا اس بات پر اڑا ہوا تھا کہ دکان میں پنیر رکھا جائے۔ خوشبودار نمکین پنیر۔ جس کی مہک دُور دُور سے جانوروں کو کھینچ کر لائے گی۔ اس بات پر کئی دن تک بحث ہوئی آخر طے یہ پایا کہ دکان میں تینوں دوستوں کی پسند کی چیزیں رکھی جائیں گی۔

ایک طرف گوشت دوسری طرف گھاس اور تیسری طرف پنیر۔ ان تینوں چیزوں کے رکھنے سے یہ فائدہ ہوگا کہ کوئی گاہک بھی خالی ہاتھ واپس نہیں جائے گا۔ تینوں اس تجویز پر بہت خوش تھے اور خوب منصوبے بنا رہے تھے۔ کوّا ان سب میں زیادہ چالاک تھا۔ اس نے بتایا کہ کسی بھی تجارت سے پہلے اس کی شہرت ضروری ہے۔ انسان جب تجارت کرتے ہیں تو جگہ جگہ اشتہار لگاتے ہیں۔ دکان کا ہر جگہ ذکر کرتے ہیں تب جا کر گاہک آتے ہیں۔ پھر کیا کریں۔ گدھا فکرمند ہو گیا۔ آپ کو کچھ نہیں کرنا کرے گا تو یہ خادم۔ کوّے نے گردن جھکا کر کہا۔ ’’تم کیا کرو گے‘‘ کُتے نے پوچھا۔

میں ہر جگہ دکان کھلنے کا اعلان کر دوں گا۔ ہر منڈیر، ہر دیوار، ہر پیڑ اور ہر شاخ پر اُڑتا پھروں گا اور وہ کام جو ہزاروں روپیہ خرچ کرنے سے بھی نہ ہوگا۔ وہ میں مفت کر دوں گا۔ کوّے نے کہا۔

کُتا اور گدھا دونوں اس کے بے حد ممنون ہوئے۔ اب دکان کے لیے جگہ تلاش کی گئی۔ زیادہ دوڑ دھوپ کے بغیر تینوں نے متفقہ طور پر جھیل کو جانے والے راستے پر ایک برگد کے درخت کے نیچے دکان کھولنے کا فیصلہ کیا تیاری شروع کی گئی۔ سارے جنگل میں کوّے نے اطلاع کر دی۔ ہم جنرل اسٹور کھول رہے ہیں۔ برگد کے درخت کے نیچے کُتے نے اپنی دم سے زمین کی خوب صفائی کی۔ گدھا منہ میں پانی بھر کر لایا اور چھڑکاؤ ہوا۔ کوّا درخت سے بڑے بڑے پتے توڑ کر لایا۔ زمین پر سرخ، سبز پتے بچھائے گئے۔ جانور جھیل کو پانی پینے جاتے اور برگد کے درخت کے نیچے رک کر صفائی ہوئی دیکھتے تو تینوں دوستوں کے کام کی رفتار اور تیز ہو جاتی۔

آخر دکان کھلنے کا دن آیا۔ تینوں جلدی جلدی اٹھے۔ بھاگ کر جھیل کے کنارے گئے منہ ہاتھ دھویا۔ پیٹ بھر کر پانی پیا اور آسمان کی طرف منہ اٹھا کر خدا سے تجارت میں منافع اور ترقی کی دعا مانگی۔ اس کے بعد دکان کھولی گئی۔ ایک طرف گھاس کا گٹھا رکھا جو گدھا ایک جگہ سے اٹھا کر بھاگا تھا۔ دوسری طرف ایک دکان سے چُرایا ہوا گوشت کا ایک ٹکڑا سرخ اور سبز پتوں پر رکھا تھا اور بیچ میں زرد رنگ کا ایک پنیر کا ٹکڑا۔

سب سے پہلے ایک فاختہ آئی۔ تینوں سے دعا سلام ہوئی اور دعائیں دیتی چلی گئی۔ اس کے بعد ایک خارش زدہ کُتا آیا اور گوشت کے برابر کھڑا ہو کر رال ٹپکانے لگا۔ دوکاندار کُتے کو بڑا غصہ آیا اور زور سے بھونک کر کہا چلو اپنا راستہ لو یہاں کیوں کھڑے ہو۔ خارش زدہ کُتا سہم کر پیچھے ہٹ گیا اور حسرت بھری نظروں سے گوشت کو دیکھتا ہوا چلا گیا۔ کُتے کا موڈ خراب ہو گیا۔

بھلا یہ بھی کوئی گاہک تھا۔ اس کے فوراً بعد ایک کوّا دکان پر آ گیا۔ دکان پر بیٹھے ہوئے کوّے نے اُسے نفرت سے دیکھا۔

''مجھے پنیر چاہیے'' آنے والا کوّا بولا۔

گدھے سے کُتے کی طرف دیکھا اور کُتے نے کوّے کی طرف جس کی تیوری پر بل پڑے ہوئے تھے۔

''مجھے جلدی پنیر دیجئے'' گاہک کوّے نے دوبارہ کہا۔

یہ پنیر بک چکا ہے۔ کوّے سے حقارت سے جواب دیا۔

بک چکا ہے۔ گاہک کوّے نے حیرت سے پوچھا۔ گدھا اور کُتا بھی چونک پڑا۔ ہاں ہاں بک چکا ہے۔

''تو پھر یہاں کیوں رکھا ہے'' کوّے نے پوچھا۔

''یہ ہماری دکان ہے۔ ہم جو چیز چاہیں رکھ سکتے ہیں''۔

دوکاندار کوّے نے جواب دیا۔ ''کمال ہے۔ دکان کی تو شہرت کی اور چیزیں نہیں ہیں۔ کوّا بکتا جھکتا چلا گیا۔ تم نے پنیر بیچنے سے انکار کیوں کر دیا۔ کُتے نے پوچھا۔

تم نے دیکھا نہیں۔ اس کی چونچ میں مٹی لگی ہوئی تھی آیا کہیں سے پنیر کھانے والا پہلے منہ تو دھولے۔

گدھا اور کتا چپ رہے۔ کوّا ٹھیک ہی کہتا تھا۔ بھئی اتنی بڑی دکان ہے اس پر گاہک بھی اچھے آنے چاہئیں۔

سورج اب سر پر آ گیا تھا۔ اور ابھی تک کوئی کام کا گاہک نہیں آیا تھا۔ نئے نئے جانور آتے جاتے حال پوچھ لیتے۔ ذرا سی گھاس سوکھ گئی ہے۔ اگر کہو تو نکال کر پھینک دوں۔ گدھے سے کہا۔

ہاں ہاں بالکل۔ اچھی دکان پر خراب مال نہیں ہونا چاہیے۔ گدھے بھائی اگر زحمت نہ ہو تو کھا لو پیٹ میں پڑ جائے گی تو اچھا ہے۔ کُتے نے کہا۔

اچھا۔ اچھا۔ گدھے نے خوش ہو کر گھاس کے ایک طرف سے منہ مارا کُتے اور کوّے نے دیکھا کہ دو تین منہ مار کر خوب کھا گیا۔

کُتے نے گوشت کی مکھیاں اڑاتے ہوئے ایک کونا توڑ کر منہ میں ڈال دیا اور پلٹ کر کہا ''سوکھ گیا تھا۔ میں نے سوچا ذرا سا کھا لیں''۔

کوئی بات نہیں۔ کوئی بات نہیں۔ کوّے اور گدھے نے ایک ساتھ کہا۔ لیکن کوّے کی آواز زیادہ بلند تھی۔ کیونکہ اسے بھی پنیر کا ایک حصہ ذرا پگھلتا نظر آ رہا تھا۔ لہٰذا اس نے زرد رنگ کا نمکین ذائقہ دار پنیر منہ میں رکھ لیا۔ تھوڑی دیر کے بعد دکان پر ڈُلکی چال چلتا ہوا ایک گدھا آیا۔ اور عجیب نظروں سے دکان کو دیکھنے لگا جیسے وہ کوئی بہت بڑا گاہک ہو اور ساری دکان خرید لے گا۔ اس نے پہلے گدھے کو دیکھا پھر کُتے کو اور آخر میں کوّے کو۔

گھاس کیا حساب ہے۔ اس نے مسکرا کر پوچھا۔

کون سی گھاس؟ گدھے سے جل کر پوچھا

''یہ جو سامنے پڑی ہے'' گاہک نے پھر مسکرا کر کہا۔

''یہ وہ گھاس نہیں جو تم جیسے گدھے کھائیں اور یہ پڑی نہیں رکھی ہے'' گدھے سے غصے سے جواب دیا۔

اچھا۔ گدھا ہنستا ہوا چلا گیا۔

شام تک تھوڑی تھوڑی دیر میں گدھا، کُتا اور کوّا دکان کی چیزیں کھاتے رہے۔ گاہکوں سے لڑتے رہے اور جب سورج غروب ہونے لگا تو دکان کی سب چیزیں ختم ہو گئی تھیں اور دس بارہ جانوروں سے تعلقات خراب ہو چکے تھے۔

رات کو یہ تینوں سر جوڑ کر بیٹھے تاکہ آج کے تجربے کی روشنی میں کل دوبارہ دکان کھولیں۔ تینوں نے وعدہ کیا کہ چاہے وہ بھوکے مر جائیں لیکن ایک تو اپنی چیزیں نہیں کھائیں گے دوسرے گاہکوں سے اچھا برتاؤ کریں گے۔

دوسرے دن دکان دوبارہ کھولی گئی۔ گاہکوں سے برتاؤ بھی اچھا کیا گیا لیکن تینوں میں سے کوئی بھی چیزیں بیچنے پر تیار نہ ہوا۔ دوسرے دن بھی اُسی طرح شام کو سب چیزیں کھا لی گئیں۔

تین چار دن یہ سلسلہ چلا۔ اب تو جانور جان بوجھ کر آ کر ان تینوں کو چھیڑتے اور یہ بھی ان سے جھگڑتے۔ آخر کار ایک رات کو دوبارہ ہنگامی اجلاس ہوا۔ تینوں سر جوڑ کر بیٹھے اور بحث مباحثہ کے بعد یہ طے ہوا کہ دکان بند کر دی جائے۔ اس فیصلے پر تینوں کو افسوس تھا خاص طور پر کوّے کو کہ یہ سارا منصوبہ اسی کا تھا کُتے نے مختصر سی تقریر کی۔

''دراصل تجارت کرنا ہر ایک کے بس کا روگ نہیں، اس میں بُردباری اور تحمل کی ضرورت ہے۔ لوگوں سے اخلاق سے پیش آنا چاہیے اور صبر کرنا چاہیے۔ لیکن ہم تینوں میں یہ بات کسی میں بھی نہیں''۔

کوّے میاں بے حد پریشان تھے کہ انہوں نے دکان کی شہرت بہت زیادہ کر دی ہے۔ گاہک دُور دُور سے چل کر آ رہے ہوں گے۔ دکان بند ہونے سے بڑا نقصان ہے۔

اب کیا کرنا چاہیے۔ کُتے نے پوچھا۔

میں دوبارہ جا کر سب جگہ اعلان کرتا ہوں کہ ہم نے دکان بند کر دی ہے۔ دونوں نے اس بات کو سراہا اور کوّا اپنی جگہ سے اُڑ گیا۔

وہ ہر منڈیر، ہر درخت پر بیٹھ کر کہتا۔

ہم نے اپنا جنرل اسٹور بند کر دیا ہے۔

ہم نے اپنا جنرل اسٹور بند کر دیا ہے۔

اب جو آپ دیکھتے ہیں کہ کوّا منڈیر پر بیٹھ کر کائیں کائیں کر کے اُڑ جاتا ہے۔ تو وہ دراصل یہ اطلاع دیتا ہے کہ ''ہم نے اپنا جنرل اسٹور بند کر دیا ہے''۔ کیونکہ اُسے یہ خیال ہے کہ اگر آپ جنگل کے کونے پر اُن کے اسٹور سے کچھ خریدنے گئے تو خواہ مخواہ مایوسی ہوگی۔

ہے۔ مجموعی طور پر یہ ایک دلچسپ سفر نامہ ہے۔

شفیق الرحمٰن (●)

قمر علی عباسی کا طرۂ امتیاز یہ ہے کہ جہاں ان کے سفرناموں میں مشاہدات بالائی سطح پر ''کلیدِ کل'' کی طرح کام کرتے ہیں وہاں واقعات پر مبنی ان کے تجربات، تجزیے کی چھلنی سے گزر کر ایک لطیف مشروب کی طرح قاری تک پہنچتے ہیں۔ شوقِ آوارگی اور ذوقِ نظارگی دوش بدوش چلتے ہوئے ملکوں، شہروں اور لوگوں کی تہذیبی، ثقافتی اور تاریخی جہتوں کا جائزہ لیتے ہیں۔ یعنی قمر علی عباسی صرف روزنامچے میں مندرج ''ڈیلی ڈائری'' ہی نہیں لکھتے، میزبان ملک کی تاریخ اس کا نسلی تمدن، تربیتی ارتقا اور منطقہ ثقافت کے سب اطراف و اکناف کا تجزیہ بھی کرتے ہیں۔ اس لحاظ سے ان کے سفرنامے صرف سفرنامے ہی نہیں ہیں، تذکرہ نویسی، تاریخ نویسی اور سفری کوائف نویسی کا حسین امتزاج بھی ہیں۔ ان سب کو ان کی علمی استبداد اور تحقیقی شعور جلا بخشتے ہیں یعنی ان کے سفرنامے صیقل شدہ حالت میں ہم تک پہنچتے ہیں۔

ڈاکٹر ستیہ پال آنند (امریکہ)

زندگی کا دوسرا نام سفر ہے۔ آدمی جب سے پیدا ہوا ہے عالم سفر میں ہے۔ اس سفر میں انسان کے نوع بہ نوع تجربات ہمارے دل و دماغ کو راحت دیتے ہیں۔ قمر علی عباسی ایک ایسے ہی صاحب فکر و فن مسافر ہیں وہ آج سے نہیں برسوں سے سفر میں ہیں۔ ابھی تک ان کے ذہن پر تھکاوٹ کے آثار نہیں ہیں۔ قمر علی عباسی کی تحریر کی محبوبیت اور مقبولیت دن بہ دن بڑھتی جا رہی ہے۔ عورت، مرد، جوان، نوجوان سب ان کی تحریروں کو بہ شکل سفرنامہ ذوق و شوق سے پڑھتے ہیں۔

اللہ کرے ان کا ذہن و قلم تادیر رواں دواں رہے اور اُردو ادب ان کے سفرناموں کے ذریعے سیراب اور شاداب ہوتا رہے۔

ڈاکٹر فرمان فتح پوری (کراچی)

قمر علی عباسی نے سفرناموں کی دنیا میں ایک نیا باب لکھا ہے۔ جب ان کا پہلا سفرنامہ ''لندن لندن'' شائع ہوا مجھے اس تقریب میں شرکت کا موقع ملا۔ اسی وقت میں نے اپنی تقریر میں کہا تھا کہ ''عباسی کے ارادے خطرناک ہیں یہ اس میدان میں بڑے کارنامے انجام دیں گے''۔ میری پیش گوئی درست ثابت ہوئی قمر علی عباسی نے بے شمار ملکوں کا سفر کیا اور سفرنامے لکھے۔ لطف کی بات یہ ہے کہ سب کے سب معلوماتی، دلچسپ اور شگفتہ ہیں۔ اردو ادب میں قمر علی عباسی کے سفرناموں سے ایک گراں قدر اضافہ ہوا ہے۔ مجھے ان کے سفرناموں میں داستان گوئی، افسانہ نگاری اور ناول کا تسلسل محسوس ہوتا ہے۔ یہی ان کے قلم کی جادوگری ہے۔

ڈاکٹر جمیل جالبی (کراچی)

اردو دنیا میں معروف ادیب قمر علی عباسی کے سفرناموں نے غیر

## ''وطن کا محافظ''

فاری شا

(لندن)

بچوں کے لیے لکھنا بظاہر آسان معلوم ہوتا ہے مگر یہ معاملہ بڑا نازک اور مشکل ہے۔ اس کٹھن کام سے عہدہ برآ ہونے کے لیے لکھنے والے کو بچوں کی مختصر اور سادہ دنیا میں گھومنا پڑتا ہے۔ ان کے ساتھ قدم اٹھانے پڑتے ہیں۔ ان کی طرح سوچنا پڑتا ہے۔ اور انہی کی طرح نادانی کی سی باتیں کرنی پڑتی ہیں لیکن یہ نادانی بڑی دانائی اور حکمت سے حاصل ہوتی ہے۔

قمر علی عباسی بچوں کی کہانی لکھتے وقت ایسے ہی نادان بن جاتے ہیں اور پھر بچوں کی طرح سوچتے ہیں اور انہی کی زبان میں باتیں کرتے ہیں۔ وہ عبارت میں بڑے سادہ لفظ لاتے ہیں ایسے لفظ جو بچوں کی دنیا سے مانوس ہوں۔ کبھی کوئی غیر مانوس لفظ بھی آئے تو اس کے ساتھ اسے اپنا لیتے ہیں اور اس کی اجنبیت دُور ہو جاتی ہے۔

عباسی صاحب کی کہانیوں میں کرداروں کا ہجوم نہیں ہوتا۔ وہ جانتے ہیں کہ جہاں کہیں بھیڑ ہو تو انسان کو آشناؤں کو بھی پہچاننے میں دقت ہوتی ہے۔ اس لیے وہ کہانیوں میں دو تین سے زیادہ کردار نہیں لاتے۔ بچہ آسانی سے ان میں گھل مل جاتا ہے اور بے تکلف ان سے باتیں کرتا ہے۔

ان کی باتیں غور سے سنتا ہے اور اُسے ان سب سے مل کر خوشی ہوتی ہے۔ وہ ان میں تھوڑی دیر رہ کر بھی بہت کچھ سیکھ لیتا ہے اور جو کچھ سیکھتا ہے اُسے دل میں اُتار لیتا ہے۔ اُسے اس کا احساس نہیں ہوتا کہ مجھے نصیحت کی جا رہی ہے۔ میرا مقصد عباسی صاحب کی کہانیوں کا کوئی گہرا تجزیہ کرنا نہیں۔ میں نے صرف اپنے ایک تاثر کا اظہار کیا ہے۔ کہانیوں کو پڑھنے والے بچے خود ہی ان کہانیوں کی داد دیں گے۔

صوفی تبسم (●)

''چلا مسافر سنگاپور'' ایک واقعاتی سفرنامہ ہے۔ اس میں مسافر زمین سے پیوست رہتے ہوئے اپنے سفر کے مشاہدات اور تجربات کو بے ساختگی کے ساتھ بیان کرتا چلا جاتا ہے۔ اندازِ تحریر سے بے تکلفی کے ساتھ ساتھ اپنی اہمیت کا احساس نمایاں ہے۔

زبان و بیان کی روانی حالات و واقعات کے ساتھ ہم آہنگ ہے۔

سفرنامے میں مناظر تیزی سے بدلتے ہیں مگر اس کے باوجود آپس میں جُڑے ہوئے محسوس ہوتے ہیں۔ منظر کشی میں جاذبیت ہے، قاری اس میں محو ہو جاتا

معمولی شہرت پائی ہے۔ان کے قارئین کا ایک خاص حلقہ ہے اور مجھے علم ہے بعض قارئین ان کے سفرناموں سے اس درجہ متاثر ہوتے ہیں کہ ان کے سفرنامے پڑھتے ہی قمر علی عباسی کے سفرناموں کو''رہنما'' بنا کر عازم سفر ہو جاتے ہیں۔یوں تو ہمارے درمیان متعدد سفرنامہ نگار ہیں لیکن قمر علی عباسی بلاشبہ''خالص''سفرنامہ نگار ہیں۔وہ رومانس اور ایڈونچر کے منصوبے سے کام نہیں لیتے۔بلکہ اپنے چشم دید واقعات سے پیدا ہونے والے تحیر پر بھروسہ کرتے ہیں۔

ڈاکٹر محمد علی صدیقی (کراچی)

جب منظروں اور منزلوں کے باطن میں اترنے والی نگاہ نہ ہو تو سفر نامہ نگار قصہ بن جاتا ہے۔وہ کہانیاں جو سفر کے بغیر بھی سنائی جا سکتی ہیں جب سفر کے حوالے سے سنائی جانے لگتی ہیں تو یہ ثابت ہو جاتا ہے کہ جس طرح سفر کرنا کوئی مشکل کام نہیں اسی طرح سفرنامہ لکھنا بھی کوئی کارنامہ نہیں ہے۔لیکن قمر علی عباسی غالب کی طرح وبائے عام میں مرنا پسند نہیں کرتا۔اس نے اپنے عہد کے سفرنامہ نویسوں کے قدم چلنے کے بجائے اپنی الگ راہ نکالی ہے۔وہ سفر کے دوران راستے کے ہر منظر سے ہم کلام ہوتا ہے۔کچھ اپنی کہتا ہے کچھ اس کی سنتا ہے اور یوں اس کا سفرنامہ ایک ایسی دستاویز بن جاتا ہے جسے پڑھ کر قاری کو احساس زیاں نہیں ہوتا بلکہ یہ محسوس ہوتا ہے کہ اس نے کچھ حاصل کیا ہے۔اس ''کچھ'' میں ''بہت کچھ'' شامل ہے۔عباسی کے تجربے، مشاہدے اور خوبصورت انداز بیاں اور انداز بیان بھی ایسا کہ وہ لکھے اور پڑھا کرے کوئی۔

مشفق خواجہ (●)

قمر علی عباسی صاحب جہاں ریڈیائی تکنیکیوں سے آگاہ حال اور صوتیاتی اثرات کے اعلیٰ درجے کے رہ نورد ہیں وہاں انہیں نونہالوں اور نوجوانوں کی روانی کیفیات اور اس اہم طبقے کی رہنمائی کا شدید احساس بھی ہے چنانچہ بچوں کے لیے ادب کی تخلیق کے سلسلے میں انہیں قومی اور بین الاقوامی اعزازات مل چکے ہیں۔اب کی بار انہوں نے مشاہیر کے احوال و آثار پیش کر کے نوجوانوں کی ذہنی تربیت کرنے کا پروگرام بنایا ہے۔اور اس سلسلے میں موجودہ مختصر کتاب علامہ اقبالؒ کے بارے میں لکھی ہے۔یہ کام قابلِ صد مبارکباد ہے۔یوں تو علاّمہ اقبالؒ کے بارے میں بچوں اور نوجوانوں کے لیے کتابیں لکھی جا رہیں مگر موجودہ کتابچہ اس ضمن میں ممتاز رہے گا۔اس کا اسلوبِ نگارش آسان ہی نہیں، دلچسپ اور دلآویز بھی ہے۔چنانچہ میں نے مسودے کے مطالعے کا آغاز کیا اور اسے ختم کئے بغیر نگاہیں اٹھا نہ سکا۔واقعات کو بھرپور داستان کا رنگ دینے کے ضمن میں یہ کتاب قابلِ قدر ہے۔پھر مؤلف نے بچوں کی دلچسپی کا خاصا خیال رکھا ہے۔حسنِ خط اور حسنِ طباعت اسے مزید چار چاند لگائے گی۔

ڈاکٹر محمد ریاض (اسلام آباد)

(صدر شعبہ اقبالیات، علامہ اقبال اوپن یونیورسٹی)

ان دیکھی دنیاؤں کے در کھولنے والا اور بار بار دیکھی ہوئی دنیاؤں کو نئے انداز سے دکھانے والا قمر علی عباسی مجھے اس لئے پسند ہے کہ وہ تحریر کے ہر اسلوب، ہر وصف سے نہ صرف بخوبی واقف ہے بلکہ اسے سلیقے سے استعمال کرنے کا ہنر بھی جانتا ہے۔میں اس کی ہر کتاب کا شدت سے انتظار کرتا ہوں۔سفرنامہ نگاری میں وہ سر سید احمد خاں سے لے کر علی سفیان آفاقی تک اور مستنصر حسین تارڑ سے لے کر عطاء الحق قاسمی تک منفرد ہے۔وہ بہت زیادہ لکھتا ہے، بہت جلدی لکھتا ہے مگر بہت اچھا لکھتا ہے۔وہ میرے دونوں بیٹوں احمد اور عمر کے بھی پسندیدہ ادیبوں میں شامل ہے اور میرے بیٹے کتاب کی پسندیدگی کے معاملے میں بھی کسی منافقت یا مصلحت پر تیار نہیں ہوتے۔

عتیق اللہ شیخ (●)

ساری دنیا کا تو مجھے علم نہیں لیکن یہ بات میں بڑے وثوق سے کہہ سکتا ہوں کہ پاکستان میں سب سے زیادہ تعداد میں قمر علی عباسی نے سفرنامے لکھے ہیں۔اس بات کو یوں بھی کہا جا سکتا ہے کہ اردو زبان میں لکھنے والے سفر ناموں کی سب سے زیادہ تعداد کے مصنف قمر علی عباسی ہیں۔گذشتہ دس بارہ برسوں میں انہوں ے بہت سے ملکوں کا سفر کیا۔امریکہ سے ہندوستان تک اور سنگاپور سے لندن تک بہت سے ملک اور شہر ان کی تحریر کی زد میں آئے۔ان کا ایک بڑا کمال یہ بھی ہے کہ وہ یہ سفرنامے بالارادہ اور بالالتزام لکھتے ہیں۔یعنی وہ باقاعدہ منصوبہ بندی کے تحت صرف سفرنامہ لکھنے کے لیے سفر کرتے ہیں اور بسا اوقات تو سفر کے سارے اخراجات بھی خود برداشت کرتے ہیں۔اس زود نویسی بالارادہ تحریر کا ملکہ عام طور پر نشریاتی اداروں اور خصوصاً ریڈیو براڈ کاسٹنگ سے تعلق رکھنے والوں کو حاصل ہوتا ہے۔ممکن ہے ریڈیو کے شعبے سے طویل وابستگی کے سبب ہی انہوں نے یہ وصف حاصل کیا ہو۔میں نے عباسی کے تقریباً سارے ہی سفرنامے پڑھے ہیں۔چونکہ میں خوش قسمتی سے اس فہرست میں شامل ہوں جنہیں وہ اپنی تصنیفات ضرور بھیجتے ہیں۔اور جب ایک بار ان کی کتاب مل جائے اور انسان اسے پڑھنا شروع کر دے تو پھر مکمل کئے بغیر نہیں چھوڑتا۔اس کی بنیادی وجہ یہ ہے کہ قدرت نے ان کو دلچسپ اور دلکش نثر لکھنے کی صلاحیت سے نوازا ہے۔ان کی تحریروں کی بے ساختگی اور شگفتگی بلاشبہ ان کو دورِ حاضر کے بہت سے مصنفوں سے ممیّز اور ممتاز کرتی ہے۔

آغا ناصر (اسلام آباد)

ابنِ بطوطہ اور اس کا سفرنامہ سارے عالم میں مشہور ہے۔اُس نے آٹھویں صدی عیسوی میں دنیا کا سفر کیا تھا۔ابنِ بطوطہ عرب کا باشندہ تھا۔اس نے سفرنامے میں دنیا کے ممالک کی تہذیب و تمدن کا تفصیلی تذکرہ کیا ہے جو تاریخی حیثیت کا حامل ہے اور اس دور کی مکمل معلومات فراہم کرتا ہے۔فی زمانہ پرنٹ، الیکٹرانک میڈیا، انٹرنیٹ اور آئی ٹی کی ترقی نے سفرنامہ کی قدر و منزلت کو انتہائی کم کیا ہے، جس کی وجہ سے کوئی قابلِ ذکر سیاح یا سفرنامہ منظرِ عام پر نہیں آیا۔لیکن ابن بطوطہ کے ساڑھے چھ صدی بعد ایک سیاح اور اس کے سفرناموں

نے عوام کو اپنی طرف متوجہ کیا ہے اور شوقِ مطالعہ کو بیدار کیا ہے۔ اس سیاح کا نام ہے قمر علی عباسی جن کی ولادت امروہہ میں ہوئی اور جو آج کل نیویارک، امریکہ میں مقیم ہیں۔ عباسی نے اب تک ۳۱ سفرنامے پیش کئے ہیں۔ انہیں یہ کمال حاصل ہے کہ کسی کتاب میں انہوں نے اپنی تحریر کو دوہرایا نہیں ہے۔ ان کا اندازِ بیان اتنا اچھوتا، انوکھا ہے کہ دل میں اتر جاتا ہے۔ ایک بار سفرنامہ پڑھنا شروع کیا تو کتاب ختم کرنے کے بعد ہی ہاتھ سے چھوٹتی ہے۔ قمر علی عباسی میرے پھوپھی زاد بھائی ہیں، ہم عصر اور ہم عمر ہیں۔ سفرنامہ شائع ہوتے ہی شاید پہلی کاپی مجھے ہی بھیجتے ہیں ان کے سفرنامے امروہہ میں بے حد پسند کئے جاتے ہیں۔ رئیس نجمی (مرحوم) نواب انتقام علی، اسلام عالمی وغیرہ نے ان کے کئی سفرنامے پڑھے ہیں جو انہیں بے حد پسند آئے ہیں۔

**اظہار عثمانی (امروہہ، بھارت)**

قمر علی عباسی ان خوش نصیب لوگوں میں شمار ہوتے ہیں جنہیں زندگی میں بے مثال کامیابی حاصل ہوئی۔ کالج کے زمانے میں بہترین مقرر، یونیورسٹی میں نہ صرف بے مثال مقرر بلکہ طلبہ کی سیاست میں پیش پیش۔ شعبہ معاشیات کے صدر منتخب ہوئے۔ اسٹوڈنٹ یونین میں شامل ہے شعبہ اردو کے جنرل سیکرٹری کے چناؤ میں کامیاب ہوئے۔ سندھ یونیورسٹی کے پہلے اردو میگزین ''صریرِ خامہ'' کے مدیر بنے۔ بچوں کے لیے بہت لکھا۔ جنگ میں کالم لکھتے رہے اور پھر سفرناموں کی دنیا میں دھوم مچا دی۔ میں ان کے ہر سفرنامے کی تقریب میں بطورِ خاص شرکت کرتا ہوں۔ ان کے ہر سفرنامے کو دلچسپی سے پڑھتا ہوں اور پسند کرتا ہوں اس دور میں جب کتاب چھپنا ناممکن ہے قمر علی عباسی کے سفرنامے تواتر سے شائع ہوتے اور پڑھنے والوں میں پسند کیے جاتے ہیں۔ ان کی تحریر رواں، سادہ اور شگفتہ ہے۔ نئے زمانے کے یہ اصلی تے وڈے ابن بطوطہ ہیں۔

**دوست محمد فیضی (کراچی)**

قمر علی عباسی کے سفرنامے مجھے اس لیے پسند ہیں کہ ان میں آسان اور سادہ زبان ہوتی ہے۔ شگفتگی کا یہ عالم ہے کہ بعض وقت کے بے ساختہ مسکراہٹ ہونٹوں پر آجاتی ہے۔ میں نے بھی بہت سے ملکوں کا سفر کیا ہے لیکن قمر علی عباسی جس نظر سے مقامات اور چیزوں کو دیکھتے ہیں وہ کیسے ممکن ہے۔ میں ان کے تمام سفرناموں کی تقریب میں شریک ہوتا ہوں۔ اور یہ اعزاز بھی حاصل ہے کہ اپنی رائے کا اظہار کرتا ہوں۔ مجھے خوشی ہوتی ہے ملک ملک کے سفرنامے اور قمر علی عباسی کا اندازِ بیاں۔

**میاں زاہد حسین (کراچی)**

مولوی محبوب عالم سے تاحال سفرنامہ نگاروں کی بھیڑ میں قمر علی عباسی نے اپنا طرز، اپنا اسلوب اور اپنا طرزِ اظہار منفرد رکھا ہے جو بذاتِ خود ان کی جودتِ طبع کی دلیل ہے۔ قمر علی عباسی کو زمین کے مختلف خطے خود آواز دیتے ہیں کہ آؤ ہمیں دیکھو، پرکھو، برتو اور سفرنامے میں ڈھال دو۔ انہوں نے زمین سے اپنا رشتہ استوار رکھا ہے اسی لیے زمین بھی انھیں پہچانتی ہے۔ سڑکیں، میدان، دریا، سمندر، گلیاں، چوبارے، محل، حویلیاں، جھونپڑیاں، سرائے اور پنج ستارہ ہوٹل مختلف ہو سکتے ہیں۔ زبانیں، انداز، اطوار اور حالات جدا ہو سکتے ہیں لیکن اس کائنات کا محور انسان ہیں۔ قمر علی عباسی نے انہی انسانوں سے دوستی کی ہے اور ان کے احساس، جذبے، فطرت اور سوچ کو سفرناموں کا روپ دیا ہے۔ قمر علی عباسی جگہوں کو دیکھتے ہی نہیں بلکہ دکھاتے بھی ہیں اور اسی دکھانے میں بڑے مشکل مقامات بھی آتے ہیں جن سے قمر آسانی سے گزر جاتے ہیں۔ ہمارا دعویٰ ہے کہ قمر علی عباسی کا کوئی سفرنامہ شروع کرنے کے بعد قاری اُسے ختم کیے بغیر رہ نہیں سکتا۔ یقین نہ ہو تو ہمارے دعوے کو آزمائیے آپ بھی کہہ اُٹھیں گے کہ:

وہ لکھیں اور پڑھا کرے کوئی

**عقیل دانش (لندن)**

بلاشبہ قمر علی عباسی کو قمر علی عباسی بنانے والا تو روشنیوں کا شہر ''شہر کراچی'' ہی ہے اور دیس کی مٹی ہی نے انہیں جلا بخشی ہے کہ آج ایک روشن ستارہ اپنی تمام تر جگمگاہٹوں اور رعنائیوں کے ساتھ ہمارے درمیان موجود ہے مگر جو توقیر اور تکریم اہلِ نیویارک نے انہیں بخشی ہے، جس مقام اور مرتبے سے نوازا ہے اور جس طرح اپنی عقیدتوں کے پھول یہاں سات سمندر پار بسنے والے عشاقانِ اردو نے ان پر نچھاور کیے ہیں اس کا نظارہ بھی دیدنی ہے۔

میں نے جب جب قمر علی عباسی کے سفرناموں میں ان کے ساتھ سفر کیا ہے تو مجھے ایسا لگا جیسے ایک معصوم بچہ اپنی حیرتی آنکھ سے دنیا کو پہلی بار دیکھ رہا ہے۔ یہ بچہ کبھی لاڈ اور کبھی تجسس سے چیزوں کو توڑتا ہے، چھوتا ہے اور اپنی شرارتوں اور معصوم خطاؤں سے محظوظ ہوتا ہے مگر اس کے اندر کی سچائی اور باطن کا حسن اسے کہیں بھی سلطنت کے درجے تک نہیں آنے دیتے۔

**فرحت زاہد (امریکہ)**

قمر علی عباسی کے ایک انعام یافتہ ناول ''بہادر علی'' پر بچوں کی سیریل بھی پاکستان ٹیلی ویژن اسٹیشن سے چھ ماہ تک نشر ہوتی رہی ہے۔ جس کی خود مصنف نے ڈرامائی تشکیل کی تھی۔ بہادر علی کو یونیسکو نے دنیا بھر کی زبانوں میں شائع کیا ہے۔ قمر علی عباسی کی ایک سیریل ''چچا بھتیجا'' بی بی سی لندن کی اردو سروس سے نشر ہو رہی ہے۔ یہ بہت بڑا اعزاز ہے جو اس سے پہلے کسی ادیب کو حاصل نہیں ہوا۔

بہادر علی کے علاوہ ان کی کتابوں ''کائیں کائیں''، ''میاؤں میاؤں''، ''شرارتی خرگوش'' اور ''سمندر کے بیٹے'' پر ۱۹۷۳ء۔ ۱۹۷۸ء۔ ۱۹۸۰ء اور ۱۹۸۲ء کے پاکستان رائٹرز گلڈ انعامات مل چکے ہیں۔

قمر علی عباسی اردو زبان میں بچوں کی کیسٹ کہانی کے بانی ہیں۔ سب سے پہلے بچوں کے عالمی سال کے سلسلے میں اپنی کہانیوں کو ریڈیو اور ٹیلی

ویژن کی ممتاز فنکارہ اور اپنی بیوی نیلوفر عباسی کی خوبصورت آواز میں ریکارڈ کر کے جاری کیا تھا۔ اس کے بعد سینکڑوں کیسٹ بچوں کے لیے بننے لگے۔ یعنی ایک اچھی روایت کی بنیاد پڑ گئی۔

**ناصر زیدی (لاہور)**

قمر علی عباسی کا نظریہ فن واضح ہے۔ اس نے کسی طرح کی غیر ضروری مذہبی سماجی و سیاسی حد بندیاں نہیں کیں۔ ذاتی تعصبات کی بنیاد پر ترجیحات کا تعین نہیں کیا۔ بلکہ سادگی، اپنائیت اور دیانتداری سے مسافرت کے تجربوں کو بیان کیا ہے۔ انسانی جذبات وحالات کے تجزیے نہیں کئے، فیصلے نہیں کئے، تذکرے نہیں کیے کہ بابا سفید پوش کو اس کی تمام جلالی کیفیات کے باوجود بھی اس کا فطری عجز اجازت نہیں دیتا کہ ذات اور کائنات کے بے ساختہ پن کو تارتار کرے۔ اپنی فکری فتوحات کے پرچم بلند کرے۔۔۔ اسی لیے قمر علی عباسی کی جستجو قائم ہے۔ راستے آباد ہیں۔۔۔ چوپالیں سج رہی ہیں۔ ہوائیں زمین و آسمان کے اسرار و رموز سے آگاہی حاصل کر رہی ہیں۔

وصل کو ہجر کے راستوں پر حیران کرتی زندگی متحرک ہے اور سفر جاری ہے۔۔۔

**نوشی گیلانی (امریکہ)**

قمر علی عباسی صاحب کے سفر ناموں کی خصوصیت ان کی بے تکلفانہ تحریر ہے۔ اس بے تکلفی میں ایک ایسی عجیب جاذبیت پائی جاتی ہے جو ان کا طرۂ امتیاز ہے۔ ان کی قوتِ مشاہدہ دوسروں کی بہ نسبت قوی تر ہے۔ لیکن اس کا وصف اس وقت ظاہر ہوتا ہے جب وہ اس مشاہدے کے نتیجے کو الفاظ کے ذریعے اس بے تکلفی سے بیان کر دیتے ہیں کہ پڑھنے والا اس سے حظ لینے لگتا ہے۔ ایسا معلوم ہوتا ہے جیسے کوئی اپنا عزیز دوست دھیمے دھیمے لہجے میں بے تکلفی کی تصویر بنائے دے رہا ہے۔

**نقشبند قمر نقوی بخاری (امریکہ)**

قمر علی عباسی کا کمال یہ ہے کہ انھوں نے ادبی ورثے کی ترسیل کے ساتھ ساتھ اس میں دلچسپی کے کسی بھی پہلو کو ہاتھ سے نہیں جانے دیا ہے۔ اس دلچسپی کے سبب ان کے سفر نامے پڑھتے ہوئے مجھے تو اپنے بچپن کا وہ دوست یاد آجاتا ہے جو کراچی کی سڑکوں پر، سردیوں کی شاموں میں، ریت میں بھنی ہوئی گرم گرم مونگ پھلیاں اپنی جیبوں میں بھر کر، میرے ساتھ اس وقت تک سڑکوں پر آوارگی کرتا رہتا جب تک کہ نیند اُس کی آنکھوں کے پپوٹوں پر دستک نہ دینے لگتی۔ اور وہ اپنی داستان ادھوری چھوڑ کر اگلی شام پھر وہیں سے شروع کرنے کا وعدہ کر کے، رات کے گہرے ہوتے ہوئے سناٹوں کی گود میں چلا جاتا۔ قمر علی عباسی بھی اپنے سفر ناموں میں مجھے اس طرح اپنا شریک رکھتے ہیں۔ جب اُن کا ایک سفر نامہ ختم ہو جاتا ہے تو دوسرے سفر نامے کی نوید دے کر رخصت ہو جاتے ہیں اور میں ان کے ہر نئے سفر نامے کا اس طرح انتظار کرتا ہوں جس طرح اپنے دوست کے ساتھ نئی کہانیوں اور نئی شام کا انتظار کیا کرتا تھا۔

**اشفاق احمد (کینیڈا)**

سفر نامہ نگار کی حیثیت میں قمر علی عباسی کی اپنی ایک منفرد حیثیت ہونے کے علاوہ ان کی ایک دوسری اہم حیثیت ''پاکستان کی نظریاتی سرحدوں کے محافظ'' سپاہی ہونے کی ہے۔ وہ پاکستان کے خلاف ایک جملہ تک سننا گوارا نہیں کرتے۔ سفر ناموں کے علاوہ علامہ اقبال، لفظ پاکستان کے خالق، چوہدری رحمت علی اور بانی پاکستان محمد علی جناح پر کتابیں تحریر کی ہیں اور ان کی ایک کتاب ''پیارا پاکستان'' تو تحریک پاکستان کو سمجھنے کے لیے کلیدی کردار ادا کرتی ہے۔ اس کے علاوہ انہوں نے پاکستان ٹیلی ویژن کے لیے ایسی سیریز لکھیں جو اندرونِ ملک اور بیرونِ ملک بھی مقبول ہوئیں اور پھر بڑوں کے لیے ادب تخلیق کرنے کے ساتھ قمر علی عباسی اغلباً ایسے واحد لکھاری ہیں جنہوں نے بچوں کے لیے بھی گرانقدر ادب تخلیق کیا ہے۔ ان کی کئی تخلیقات کو ڈرامائی سیریل کے طور پر ریڈیو اور ٹیلی ویژن پر پیش کیا جا چکا ہے۔ ان کی متعدد تصانیف پر انہیں اعلیٰ اعزازات و انعامات سے نوازا گیا ہے اور ان کا ایک ناول ''بہادر علی'' اقوام متحدہ کے ادارے یونیسف کی جانب سے دنیا کی مختلف زبانوں میں شائع ہو کر انہیں شہرت دوام سے ہمکنار کر چکا ہے۔ لہٰذا قمر علی عباسی اب محض سفر نامہ نگار یا کالم نگار نہیں بلکہ اردو ادب میں بذاتِ خود ایک ''صنف'' ہیں۔

**نصر ملک (ڈنمارک)**

قمر علی عباسی کی بڑی خدمات ہیں۔ ریڈیو پاکستان کے افسر رہے مگر سفر ناموں کے ہمسفر بھی ہے، بہت لکھا، مسلسل لکھا اور خوب لکھا۔ اچھا لکھتے بھی ہیں اور اچھا بولتے بھی ہیں۔ ان کا قلم پڑھنے والے کی انگلی تھام کر دیس دیس، وادی وادی ساتھ ساتھ لئے پھرتا ہے، حسین نظارے دکھاتا ہے، نگر نگر سیر کراتا ہے، کبھی گدگداتا ہے، کبھی ہنساتا ہے اور کبھی کبھی رُلاتا بھی ہے۔ ہماری دعا ہے کہ ان کا قلم کالم، سفر نامے اور دیگر خوبصورت تحریریں بکھیرتا رہے۔ ان پر صدارتی ایوارڈز وارے جاتے رہیں اور ان کے اعزاز میں جشن منائے جاتے رہیں۔ آمین

**نصیر رانا (نیویارک)**

قمر علی عباسی جب سندھ یونیورسٹی کی تقاریر کے مقابلے میں نمائندگی کرتے تو ان کے مقابلے میں تقریر کرنے والے مایوسی کا شکار ہو جاتے کیونکہ پہلا انعام تو ان کو ہی ملتا تھا۔ مخالفت اور موافقت میں ایک ہی وقت میں تقریر کر سکتے تھے۔ جس کا مطلب انتہائی بے وقوف آدمی بھی سمجھ سکتا ہے کہ وہ یہ کہ موضوع پر ان کی گرفت اس قدر مضبوط ہوتی کہ منفی اور مثبت پہلو دونوں ان کی نظر میں ہوتے۔ آواز کا گراؤ چڑھاؤ، بیان میں حدت کے ساتھ شدت اور جذبات سے کھیلنا ان کے بائیں ہاتھ کا کھیل تھا۔ اللہ کا شکر ہے یہ سیاست کے میدان میں داخل نہیں ہوئے ورنہ ان سے الیکشن میں جیتنا ممکن کام نہیں تھا۔ یہ تو جہاں پیسہ بچا سفر پر روانہ ہو گئے اور پھر اپنے سفر کی داستانیں مزے مزے میں

بیان کر کے ہم جیسے ہزار ہا آدمیوں کا دل جلاتے ہیں اور حسد میں مبتلا کر دیتے ہیں۔ بین السطور بات کہنے میں ماہر ہیں اور ایسی ایسی تلخ بات اتنے پریم سے کہہ جاتے ہیں کہ آدمی ششدرر رہ جائے اور ایسے ہی لکھ دیتے ہیں۔ سفرناموں سے ان کی پہچان پاکستان اور بھارت میں خوب ہے۔ ہم نے ان کے کچھ سفرنامے قسط وار پڑھے ہیں اور اب انہوں نے اللہ اللہ کر کے مہربانی کی تو مفت میں سفر نامے نصیب ہوئے اور اب کتابی صورت میں دیدار ہوا ہے۔

**احتشام رضا کاظمی (نیویارک)**

عباسی صاحب کے سفرناموں کی ایک خصوصیت یہ بھی ہے کہ وہ اپنے قاری کی انگلی پکڑ کر گلی کوچوں، بازاروں پہاڑوں اور سبزہ زاروں کی سیر کو چل دیتے ہیں۔ جملوں کی بناوٹ میں ایسی چاشنی ہوتی ہے جو پڑھنے والوں کو راحت اور سکون کا احساس دلاتی ہے۔ قمر علی عباسی اپنی تحریروں میں پورے وجود کے ساتھ نظر آتے ہیں۔ ان کے سفرناموں کی ایک خصوصیت یہ بھی ہے کہ وہ اپنے سفرناموں کا ایک کردار بن جاتے ہیں۔ ان کی شوخ اور چنچل تحریریں ان کے مزاج کا پتہ دیتی ہیں۔ جہاں قاری شہر شہر اور گاؤں سے واقف ہوتا ہے وہیں قمر علی عباسی کی ذات کے مختلف پہلوؤں سے روشناس بھی ہوتا ہے۔ قمر علی عباسی کے لیے اگر میں یہ کہوں کہ وہ اردو ادب کی ایک مکمل درس گاہ ہیں کیونکہ علم و ہنر کا جو خزانہ ان کی چھوٹی چھوٹی تحریروں میں پوشیدہ ہوتا ہے ان سے موجودہ اور آنے والی نسلیں فیض یاب ہوتی رہیں گی۔ عباسی صاحب اس صدی میں اردو ادب کے لیے قدرت کا انمول تحفہ ہیں۔ وہ ایک سچے اور کھرے لکھنے والے ہیں۔ ان کی تحریروں میں جہاں بھرپور مزاح ہوتا ہے وہیں طنز کے ایسے نشتر چبھ جاتے ہیں کہ پڑھنے والے کسمسا کر رہ جاتا ہے۔

**بیگم تسنیم قمر (نیویارک)**

اگر افسانے یا سفرنامے عرق ریزی سے لکھے جائیں اور ہر بات کا خیال رکھا جائے تو وہ سفرنامے زندگی کی یادگار بن جاتے ہیں اور ایسے سفرناموں کو ہر شخص پڑھنا پسند کرتا ہے اور اگر خوبیاں نہ ہوں تو قاری ایک دو صفحات پڑھ کر کتاب کو بالائے طاق رکھ دیتا ہے۔ لیکن جو سفرنامے جناب قمر علی عباسی کی طرح لکھے گئے ہوں تو قاری کے ہاتھ سے کتاب جب تک نہیں چھٹتی جب تک سفرنامہ اپنی منزل پر پہنچ نہیں جاتا اور قاری کو چین نہیں مل جاتا۔ یہ خوبیاں جناب قمر علی عباسی کی تحریروں میں از حد موجود ہیں۔ قمر علی عباسی کا ہر سفرنامہ لاجواب، بے مثال ہے ان کے سو سے زائد سفرنامے ابھی تک منظرِ عام پہ آ چکے ہیں اور آئندہ بھی امکانات ہیں۔

**ترغیب بلند نقوی (کوپن ہیگن)**

قمر علی عباسی نے جس تیزی سے مہارت سے سفرنامے لکھے ہیں مجھے حیرت اور خوشی ہے۔ وہ جس ملک جاتے ہیں وہاں کے بارے میں قاری کو ہر وہ معلومات پہنچا دیتے ہیں جو ضروری اور دلچسپ ہوتی ہے۔ میری خوش قسمتی ہے کہ ان کے ہر سفرنامے کی تقریب میں صدر ہوتا ہوں۔ ہر بار ایک دلچسپ شگفتہ رواں تحریر پڑھنے کو ملتی ہے۔ ایسے مصنف کم ہوں گے جن کی تحریروں کو قبولیت عام ہے۔ وقت گزرنے کے ساتھ ان کی تحریر میں زیادہ پختگی اور روانی آتی جا رہی ہے۔ یوں محسوس ہوتا ہے سفرنامہ لکھنا ان کے بائیں ہاتھ کا کام ہے۔ دنیا میں جتنی زبانوں میں سفرنامے لکھے گئے ہیں قمر علی عباسی کے سفرنامے سب سے زیادہ ہیں۔ میں ان کی صحت، درازیٔ عمر کے لیے دعا گو ہوں تاکہ وہ سفرنامے لکھتے رہے اور مجھے صدارت کا موقع ملتا رہے۔

**جنرل معین الدین حیدر (کراچی)**

قمر علی عباسی اردو ادب میں اپنا مقام بنا چکے ہیں خصوصاً سفرنامہ نگاری میں وہ اپنی انفرادیت منوا چکے ہیں۔ پاکستان میں قیام کے دوران بھی ان کی اس حیثیت کو ادبی حلقوں میں پذیرائی حاصل رہی۔ اب وہ امریکہ میں بھی اپنی ادبی سرگرمیاں جاری رکھے ہوئے ہیں اور وہاں ایک ادبی انجمن نے ان کے ادبی کارناموں کے اعتراف میں پانچ ہزار ڈالر کا نقد انعام اور خلعت عطا کی ہے جس کے قمر علی عباسی بجا طور پر مستحق ہیں۔

**ڈاکٹر اسلم فرخی (کراچی)**

ہمارے والد محترم جناب قمر علی عباسی کو الفاظ اپنا شہنشاہ مانتے ہیں جب وہ قلم اٹھاتے ہیں تو الفاظ ان کے سامنے ہاتھ باندھ کر کھڑے ہو جاتے ہیں اور کہتے ہیں ہم حاضر ہیں جس طرح چاہیں استعمال کریں اور ہمارے والد پورا پورا انصاف کرتے ہیں، ہر لفظ کو موتیوں کی طرح ایسے پروتے ہیں کہ "لفظ" کو بھی لگتا ہے کہ میں اسی تحریر کے لیے بنایا گیا ہوں۔

کسی بھی سلطنت کے دو بادشاہ نہیں ہو سکتے، یہ ہمارا بھی ماننا ہے اور پرنس چارلس کو دیکھ کر یہ یقین بھی ہے کہ ضروری نہیں کہ ہر بادشاہ کا بیٹا بادشاہ بنے، اب جو ہمارا خود ایمان ہو اس کو کسی اور کے سامنے کیسے غلط کہیں، کیسے ان لفظوں کو مجبور کریں ایمان بدلنے پر، ہم ڈرتے نہیں مگر وہ لفظ جو پچھلے کئی سال سے کسی اور کی رعایا بنے ہوئے ہیں ان کی ہائے نہیں لینا چاہتے۔ رشتے سالوں میں بنتے ہیں اور لمحوں میں ختم ہو جاتے ہیں مگر ہمارے والد جنہیں ہم بچپن سے ان لفظوں سے محبت کرتے دیکھا، وہ ان سے ایک ایسا رشتہ بنا چکے ہیں جو صدیوں تک قائم رہے گا۔

ہر باپ کی خواہش ہوتی ہے کہ اس کی اولاد اس کے نقشِ قدم پر چلے اور ہمارے والد بھی یہ ہی چاہتے ہیں کہ ایک اچھی اولاد کی طرح ہم ان کے نقش قدم پر چلیں اور قلم اٹھائیں، اب ہم ان کو کیسے سمجھائیں کہ وہ الفاظ جو ان کے بہت گہرے دوست ہیں وہ ہم سے شاید ویسی وفا نہ نبھائیں مگر پھر بھی ایک سعادت مند اولاد کی طرح ہم نے یہ سوچ کر قلم اٹھا لیا کہ ہمارے والد دائیں اور ہم بائیں ہاتھ سے لکھتے ہیں اور اگر ہم ان جیسا نہ بھی لکھ پائے تو ہمارے پاس ایک بہت اچھا بہانہ ہوگا کہ بائیں ہاتھ والے دماغ کے دوسرے حصے سے سوچتے ہیں۔

**وجاہت عباسی (امریکہ)**

☆